# O PRINCÍPIO DE
# ARQUIMEDES

# O PRINCÍPIO DE ARQUIMEDES

Josep Maria Miró i Coromina

Tradução Luís Artur Nunes
Colaboração Suzana Outeiral

Cobogó

A Acción Cultural Española - AC/E é uma entidade estatal cuja missão é difundir e divulgar a cultura espanhola, seus acontecimentos e protagonistas, dentro e fora de nossas fronteiras. No Programa de Intercâmbio Cultural Brasil-Espanha, essa missão se concretiza graças ao apoio do TEMPO_FESTIVAL, do Rio de Janeiro, que convidou a Editora Cobogó para fazer a edição em português de dez textos fundamentais do teatro contemporâneo espanhol, e contou com a colaboração de quatro dos festivais internacionais de teatro de maior prestígio no Brasil. Estão envolvidos no projeto: Cena Contemporânea – Festival Internacional de Teatro de Brasília; Porto Alegre em Cena – Festival Internacional de Artes Cênicas; Festival Internacional de Artes Cênicas da Bahia – FIAC; Janeiro de Grandes Espetáculos – Festival Internacional de Artes Cênicas de Pernambuco; além do TEMPO_FESTIVAL, Festival Internacional de Artes Cênicas do Rio de Janeiro.

Cada festival colaborou indicando diferentes artistas de teatro brasileiros para traduzir as obras do espanhol para o português e organizando residências para os artistas, tradutores e autores que farão em seguida as leituras dramatizadas para o público dos festivais.

Para a seleção de textos e de autores, estabelecemos uma série de critérios: que fossem peças escritas neste século XXI, de autores vivos ganhadores de pelo menos um prêmio importante de dramaturgia, que as peças pudessem ser levadas aos palcos tanto pelo interesse intrínseco do texto quanto por sua viabilidade econômica, e, por último, que elas girassem em torno de uma temática geral que aproximasse nossos autores de um público com conhecimento escasso da dramaturgia contemporânea espanhola, com especial atenção para os gostos e preferências do público brasileiro.

Um grupo de diretores de teatro foi encarregado pela AC/E de fazer a seleção dos autores e das obras. Assim, Guillermo Heras, Eduardo Vasco, Carme Portaceli, Ernesto Caballero, Juana Escabias e Eduardo Pérez Rasilla escolheram *A paz perpétua*, de Juan Mayorga, *Après moi le déluge (Depois de mim, o dilúvio)*, de Lluïsa Cunillé, *Atra bílis*, de Laila Ripoll, *Cachorro morto na lavanderia: os fortes*, de Angélica Liddell, *Cliff (Precipício)*, de Alberto Conejero, *Dentro da terra*, de Paco Bezerra, *Münchausen*, de Lucía Vilanova, *NN12*, de Gracia Morales, *O princípio de Arquimedes*, de Josep Maria Miró i Coromina e *Os corpos perdidos*, de José Manuel Mora. A seleção dos textos não foi fácil, dada a riqueza e a qualidade da produção recente espanhola.

A AC/E felicita a Editora Cobogó, os festivais, os autores e os tradutores pela aposta neste projeto, que tem a maior importância pela difusão que possibilita do teatro contemporâneo espanhol. Gostaríamos de agradecer especialmente a Márcia Dias, diretora do TEMPO_FESTIVAL, por sua estreita colaboração com a nossa entidade e com o projeto.

Teresa Lizaranzu
Acción Cultural Española - AC/E
Presidente

# Sumário

Sobre a tradução brasileira  **11**

Josep Maria Miró, um autor político  **15**

O PRINCÍPIO DE ARQUIMEDES  **21**

Por que publicar dramaturgia  **107**

Dramaturgia espanhola no Brasil  **109**

## Sobre a tradução brasileira

A tradução de uma peça de teatro tem exigências diferentes das de um romance, poema ou ensaio. Estes são destinados à leitura silenciosa: um processo íntimo envolvendo o leitor e o autor oculto nas palavras impressas. O texto teatral, por sua vez, tem por finalidade a sua elocução em cima de um palco. O dramaturgo não escreve para ser lido, mas para ser dito, para ser vocalizado por atores. Podemos, é verdade, ler dramaturgia e apreciá-la sem vê-la montada. As obras-primas de Shakespeare ou Molière são estudadas como literatura em escolas e universidades mundo afora. Mas essa leitura não dispensa a consciência de que o que temos ali é um projeto de encenação. E o bom leitor de teatro é aquele que imagina aquelas falas sendo pronunciadas em cena.

Portanto, questões como oralidade, sonoridade e ressonância são cruciais para quem se dispõe a traduzir uma criação dramatúrgica. No caso de *O princípio de Arquimedes*, de Josep Maria Miró, como em muitos outros exemplos do teatro dito "realista", temos também o marcado coloquialismo dos diálogos. O ambiente social, a temática, a construção dos personagens e a sua forma de expressão são acentuadamente calcados na realidade. Ao tocar-me a tarefa de traduzir a obra para o português, pautei-me por essas percepções. Os diálogos tinham de soar absolutamente naturais, cotidianos, eivados de informalidade, gírias e expressões idiomáticas.

O fato de ser "português do Brasil" tornou necessário o sacrifício de uma rigorosa correção gramatical. Minha tradução tomou por base a versão espanhola de Eva Vallines Menéndez do original catalão de Miró. Em espanhol há determinadas regras de gramática que são observadas sem esforço nem perda de naturalidade. O mesmo acontece também no português de Portugal, mas não no português brasileiro. Os pronomes oblíquos, por exemplo, frequentemente desaparecem na nossa maneira de falar. Formas sintéticas são substituídas por formas analíticas ("disse *para ele*" em vez de "disse-lhe"). Os pronomes pessoais retos de terceira pessoa seguidamente cumprem função oblíqua ("encontraram *ela*" em vez de "encontraram-na"). O imperativo negativo, sempre respeitado em espanhol ("no me hables así"), toma emprestada a forma afirmativa entre nós ("não me *fala* assim"). Muitas vezes misturamos despreocupadamente o pronome sujeito de terceira pessoa, "você", com os pronomes objetos ou possessivos de segunda pessoa ("*você me* pediu para não *te* ligar muito cedo" ou " para não ligar muito cedo para a *tua* casa). Esses são apenas alguns exemplos dos propositais rompimentos da norma culta da língua que julguei adequados em nome da naturalidade da elocução.

Optei, com raras exceções, por não alterar as formas do verbo "estar" ("tou preocupado" em vez de "estou" preocupado) nem escrever a forma apocopada "pra" da preposição "para". Essas adaptações são feitas quase que automaticamente pelos atores no momento do ensaio.

*O princípio de Arquimedes* respira num contexto totalmente urbano e contemporâneo. Não há características regionais nem cor local. É uma fábula naturalista que poderia se passar em qualquer grande cidade das sociedades ocidentais. Por essa razão, optei por traduzir também os nomes dos personagens. Rubén vira Rubens, Hector fica Heitor e David torna-se Davi.

Em teatro costuma-se dizer que uma fala é boa quando "cabe redonda na boca do ator". No esforço de captar essa qualidade, o tradutor da obra teatral muitas vezes vê-se obrigado a abrir mão de uma estrita correspondência literal em troca de soluções que garantam a fluência da oralidade. Sem trair, porém, o sentido original, o que torna a tarefa extremamente complexa.

Acredito que a minha extensa vivência profissional como homem de teatro me tenha aparelhado para esta tradução. Se fui bem-sucedido, só o teste do palco o dirá. De toda maneira, foi uma viagem imensamente prazerosa mergulhar no fascinante universo do teatro de Josep Maria Miró.

Luís Artur Nunes
Tradutor

## Josep Maria Miró, um autor político

> *"Le théâtre est un art violemment polémique"*
> ANTOINE VITEZ

Antes de se dedicar à escritura dramática, Josep Maria Miró trabalhou como jornalista durante muito tempo. Atualmente, encontra-se afastado dessa primeira vocação, mas seu olhar sobre o mundo continua sendo o do observador que busca a verdade. Se sua obra tem sido frequentemente qualificada como polêmica, é precisamente porque ele se inspira na realidade ao seu redor com a intenção de suscitar o debate.

Esse compromisso, que é a razão fundamental de sua relação com o teatro, se percebe na pesquisa formal de sua escritura, que tende a refletir a complexidade do mundo. Desse modo, ele rejeita, desde as suas primeiras peças, o teatro baseado na peripécia, óbvio e linear, que, sob uma aparência de modernidade ousada, na verdade, não passa de uma continuação das velharias do teatro burguês. As obras de Josep Maria Miró desorientam, perturbam, inquietam, abrem novos horizontes, nos quais as coisas que vemos parecem adquirir de repente uma dimensão que subverte progressivamente as perspectivas. São uma das mais belas cristalizações desta inquietude tão particular, cuja simples expectativa constitui, hoje, um dos poucos motivos para continuar frequentando o teatro. Mas, onde estaria situada a sua verdadeira força? Como seria transformada a dúvida em projétil? E num projétil que, com uma velocidade assombrosa, tritura os preconceitos, acaba com as temáticas e explode dentro disso que chamamos teatro?

*O princípio de Arquimedes* não é uma peça sobre pedofilia, que é, no máximo, um pretexto teatral para apontar para outro objetivo muito maior. Josep Maria Miró constrói, dentro do ambiente clorado de uma piscina municipal — parábola perfeita de nossa sociedade excessivamente asséptica — uma história a partir de um fato que não sabemos se é ou não verdadeiro: uma menina conta a seus pais que viu um professor de natação dando um beijo na boca de um dos seus colegas. Trata-se de um beijo inocente no rosto como não se cansa de repetir o professor, ou havia realmente uma intenção doentia? Os fatos são apresentados sob duas leituras completamente antinômicas, que permanecem imutáveis ao longo de toda a obra, de forma que é o espectador quem deve resolver em última instância o difícil dilema. Tal como se podia observar em *La mujer que perdía todos los aviones* [A mulher que perdia todos os aviões] e em *Gang Bang*, em *O princípio de Arquimedes* volta a aparecer o que já é uma constante na criação de Josep Maria Miró: o espectador é incitado a tomar posição, é solicitado a participar do debate social que a obra propõe. Acabou-se o abandono à ilusão teatral e à autoridade do dramaturgo ditando a atitude a ser adotada. Essa liberdade recuperada é a engrenagem sobre a qual se constrói a utopia concreta de um teatro político que não se pretende nem assertivo nem dogmático, mas sim *maiêutico*.

Por outro lado, o problema colocado pela obra não é somente saber se o professor de natação é culpado ou inocente, posto que não há nenhum indício textual objetivo que autorize afirmar uma coisa ou a outra; trata-se também, e sobretudo, de se perguntar que modelo de sociedade está sendo imposto no Ocidente. Preferimos viver num mundo em que ainda se permita um gesto de ternura com uma criança, mesmo que isso dê margens a abusos, ou preferimos uma sociedade com segurança blindada que imponha o controle dos indivíduos para prevenir todo e qualquer risco? Esse é o verdadeiro dilema enfrentado pelas sociedades ocidentais. A proliferação dos dispositivos de segurança leva-nos a pensar que a escolha já foi feita. Desse modo, a opinião pública acaba condenando o réu não pelo que ele fez, mas pelo que poderia ter feito.

Portanto, para além do problema social da pedofilia, esta obra reflete uma realidade muito mais ampla, que se estabelece sem que nos demos conta, e que o filósofo Gilles Deleuze associa com o surgimento de um novo fascismo: "Em vez de constituir uma política e uma economia de guerra, o neofascismo é um consenso mundial sobre a segurança, sobre a gestão de uma paz que não resulta menos terrível, com uma organização pactuada de cada temor, de cada angústia, que converte cada um de nós num microfascista encarregado de sufocar qualquer coisa, qualquer rosto, qualquer palavra um pouco mais forte, na nossa rua, no nosso bairro, no nosso cinema."

É contra essa anestesia geral, da qual nossa época extrai sua força consensual, que Josep Maria Miró exerce sua resistência. E se existe polêmica é porque, acima de tudo, existe teatro.

Laurent Gallardo
Tradutor da Maison Antoine Vitez

# O PRINCÍPIO DE ARQUIMEDES

Josep Maria Miró i Coromina

Tradução Luís Artur Nunes
Colaboração Suzana Outeiral

**PERSONAGENS**

**ANA**

**RUBENS**

**HEITOR**

**DAVI**

A elaboração desta obra contou com o apoio à criação literária 2011 da Institució de les Lletres Catalanes.

A Xavier Pujolràs, Pol Vinyes e Roberto Pescador
os nens,
excelentes amigos e amantes da Magners, do Negroni e do Patxarán. [Respectivamente.]

"Todo corpo imerso num fluido experimenta uma força ascendente igual ao peso do volume do líquido que desloca."
— ARQUIMEDES

*Vestiário de um clube de natação.*

*A porta de entrada deixa entrever um longo corredor; de um lado, grandes janelões que dão para a piscina, e, do outro, as portas dos escritórios e de outros vestiários.*

*/ Indica que a fala seguinte interrompe imediatamente o que está sendo dito.*

*// Indica que neste ponto a fala coincide em paralelo com a fala anterior — são ditas simultaneamente.*

*[...] Indica uma resposta ou reação não verbal. Talvez apenas um suspiro, um olhar ou um pequeno gesto.*

# 1

*Rubens e Heitor organizam dentro de caixas as boias e outros objetos da aula de natação.*

**HEITOR:** Você tem certeza?

**RUBENS:** De quê?

**HEITOR:** Do que eu estava te falando. Vamos tentar. Só por um mês. Você pega os Golfinhos e eu, os Cavalinhos.

**RUBENS:** Ninguém mexe com os Cavalinhos-Marinhos. São meus. [*Pausa.*] Ainda mais com o Gollum no meio... Inegociável.

*Os dois rapazes caem na risada.*

*Entra Ana.*

**ANA:** De que é que vocês estão achando tanta graça?

**RUBENS:** Eu já estava de saída.

**ANA:** [*para Heitor*] Eu não tinha te dito/

**HEITOR:** Sim, mas é que...

**RUBENS:** Eu já estava indo.

**ANA:** Que cheiro é esse?

**HEITOR:** Não estou notando nada.

**RUBENS:** [*referindo-se a uma caixa onde estão guardadas as boias das aulas de natação*] Vou pôr essas coisas no lugar.

**ANA:** Deixa. O Heitor faz isso depois. Pelo menos, assim espero.

**RUBENS:** É só um instante.

**ANA:** Eu preciso falar com você. Heitor, você pode levar isto?

*Rubens, que está atrás de Ana, faz caretas. Heitor ri.*

**ANA:** Heitor...

*Heitor não diz nada. Pega duas caixas e sai. Ana confere se Heitor não está mais lá.*

**RUBENS:** O que é que há?

**ANA:** O que foi que aconteceu com o Alex?

**RUBENS:** O que foi que aconteceu?

**ANA:** Sim. O que foi que aconteceu com o Alex?

**RUBENS:** Nada.

**ANA:** Como nada?

**RUBENS:** Não sei/

**ANA:** Isso é cheiro de... Vocês andaram fumando?

**RUBENS:** Não. Claro que não.

**ANA:** Mesmo?

**RUBENS:** Não estou notando nada.

**ANA:** Tá bom. [*pausa*] O que foi que aconteceu hoje de manhã?

*Pausa.*

**RUBENS:** Ele tem medo da água.

**ANA:** Não estou falando disso.

**RUBENS:** Então, não sei/

**ANA:** Rubens...

**RUBENS:** O quê?

**ANA:** O que foi que aconteceu hoje de manhã com o Alex?

**RUBENS:** Ele começou a chorar.

**ANA:** Começou a chorar, e o que mais?

**RUBENS:** Mais nada. Me disse que tinha medo.

**ANA:** Rubens...

**RUBENS:** O quê?

**ANA:** Não estou falando disso.

**RUBENS:** Se você não me explicar o que é, eu vou ficar confuso.

**ANA:** É melhor você se sentar.

**RUBENS:** Por que é que eu tenho que me sentar? Não quero me sentar.

**ANA:** Por que você fica desse jeito?

**RUBENS:** Não fico de jeito nenhum.

**ANA:** Na defensiva... Você está tenso.

**RUBENS:** Eu acho que você é que está tensa. [*pausa*] Já te falei: me explica, senão eu fico confuso. Não sei que porra é essa.

**ANA:** Você não fala comigo assim normalmente.

**RUBENS:** Só estou te pedindo para você ser mais clara. Não sei aonde você quer chegar. Entra aqui com essa cara...

**ANA:** Que cara?

**RUBENS:** Essa cara de... de irritada.

**ANA:** Cara de irritada? Não.

**RUBENS:** Sim senhora, e a primeira coisa que me pergunta é o que aconteceu com o Alex. Te digo que ele começou a chorar, e você me diz que não é isso. Do que é que nós estamos falando, então?

**ANA:** Ouvi queixas.

**RUBENS:** De mim? Eu falei para ele entrar na piscina sem a boia. Só isso. E ele começou a chorar. Me disse que tinha medo. Só isso.

**ANA:** Só isso e mais nada?

*Pausa.*

**RUBENS:** Segunda-feira eu disse que esta semana eles largariam a boia. Segunda só os que quisessem. Foram poucos. Não precisava que fossem todos nesse dia. Não tinha importância. Falei que durante a semana eles iriam largando. Era uma maneira de eles irem se conscientizando de que era a hora de entrar na piscina sem a boia. Na quarta já eram vários. Sem problemas. Era para... O objetivo era que hoje, sexta-feira, todo o mundo entrasse na piscina sem boia. Foi isso.

**ANA:** E o Alex/

**RUBENS:** O Alex era o único que hoje ainda continuava com a boia e não queria tirar.

**ANA:** E o que foi que você fez?

*Pausa longa.*

**ANA:** Quer me contar?

*Pausa.*

**RUBENS:** Ana... Faz cinco anos que eu trabalho aqui.

**ANA:** O que foi que você fez?

**RUBENS:** Você está me questionando ou é uma inquisição?

**ANA:** Ninguém está te questionando.

**RUBENS:** Mas parece. O garoto começou a chorar porque não queria tirar a boia. Eu conversei com ele. Te garanto que agi com tato. Você sabe como eu me relaciono com as crianças. Falei para ele não ter medo, só isso. Os outros meninos tiraram as boias e pronto. Eu não vejo o que tem de tão grave!

**ANA:** Não precisa se alterar.

**RUBENS:** Porra! É que essa situação... Você está me deixando meio nervoso.

**ANA:** Rubens... [*pausa*] Te acalma. Vamos conversar tranquilamente.

**RUBENS:** [*senta-se*] Esta situação é ridícula.

**ANA:** Tem certeza que me contou tudo?

**RUBENS:** É que não tem nada para contar.

**ANA:** Tem certeza?

**RUBENS:** Tenho certeza.

*Pausa.*

**ANA:** Eu já te disse. Se queixaram.

**RUBENS:** Olha só... Não entendo como é que os pais dele podem se queixar disso. Eles me conhecem e... Eu falo com eles. Vou falar a mesma coisa que falei para você, e com certeza eles vão entender.

**ANA:** Não foram os pais do Alex que se queixaram.

*Pausa.*

**RUBENS:** Quem foi então?

**ANA:** A mãe da Paula/

**RUBENS:** Da Paula? Mas a Paula largou a boia na segunda-feira e estava supercontente.

**ANA:** E outra coisa/

**RUBENS:** Eu não entendo/

**ANA:** Rubens... Não foi por causa da boia.

**RUBENS:** Se não foi por causa da boia... Então por que/

**ANA:** O pai do Daniel/

**RUBENS:** Qual dos dois?

**ANA:** O Daniel Fontes. Apareceu aqui. Agora há pouco.

**RUBENS:** Esse cara nunca veio aqui na piscina. É sempre a mãe que vem.

**ANA:** O que foi que você fez quando o Alex começou a chorar? Isso é o que eu quero que você me conte.

*Entra Heitor.*

*Pega mais duas caixas.*

**RUBENS:** Estou sentindo frio, vou pegar meu roupão.

**ANA:** Rubens...

**HEITOR:** Eu já estou indo.

**RUBENS:** Já volto. Fica tranquila. Ou você quer que ainda por cima eu fique congelado?

*Rubens sai.*

**ANA:** Estávamos conversando.

**HEITOR:** Perdão, eu pensei/

**ANA:** Leva as caixas. Eu agradeceria se você não interrompesse outra vez.

**HEITOR:** Eu pensei que/

**ANA:** Você já verificou a caixa de primeiros socorros?

**HEITOR:** Eu já estava indo/

**ANA:** /fazer isso. Como é que eu vou falar com o Rubens, hein? [*pausa*] Não tem iodo nem álcool.

**HEITOR:** Ah... Você já/

**ANA:** Sim. Tem que verificar sempre, Heitor. Uma criança pode escorregar e... Não é possível que a gente não tenha nada para desinfetar. Este mês era você o encarregado, né?

**HEITOR:** É.

**ANA:** Então?

**HEITOR:** Eu ia/

**ANA:** Você tem que se antenar, Heitor. Não é possível que eu tenha que ficar sempre no seu pé por causa dessas coisas. É só verificar. Não custa.

**HEITOR:** Não vai acontecer/

**ANA:** Vocês andaram fumando?

**HEITOR:** Não.

**ANA:** Heitor... Estou sentindo o cheiro de...

**HEITOR:** Não. [*pausa*] Eu, não.

**ANA:** O Rubens?

*Rubens retorna. Está vestindo o roupão.*

**RUBENS:** Deixa que eu levo as caixas. Nós já terminamos.

**ANA:** Não. Não terminamos. Heitor... pode ir.

*Heitor sai sem dizer nada.*

**ANA:** Você andou fumando aqui dentro e ainda há pouco me disse que não.

**RUBENS:** O Heitor te contou?

**ANA:** Não. Você é que acaba de me contar.

**RUBENS:** Quatro tragadas só.

**ANA:** Você sabe que é proibido.

**RUBENS:** Nem terminei o cigarro.

**ANA:** Aqui/

**RUBENS:** Eu sei.

**ANA:** E quando eu te perguntei, você negou.

**RUBENS:** Foi.

**ANA:** Aqui dentro não se pode fumar. Nem você nem ninguém.

**RUBENS:** Certo.

**ANA:** E ainda por cima... mentiu pra mim. Isso é o que mais me chateia.

**RUBENS:** Não vai acontecer de novo.

**ANA:** Assim espero.

*Pausa longa.*

**RUBENS:** Te contei alguma vez o que o meu professor de natação fazia comigo quando eu era pequeno?

**ANA:** Não.

**RUBENS:** [*rindo*] Eu, sim, que tinha medo da água. Medo de verdade. Na minha cidade, a gente só podia fazer aula de natação no verão. Eu tinha pavor do verão porque tinha que ir à piscina. Mal chegava lá, e eu escapava e saía correndo. Ares... o meu professor/

**ANA:** Ares?

**RUBENS:** Como o deus da guerra... Era o sobrenome dele... mas na cidade todo mundo o chamava de Ares como se fosse o seu nome... Então, eu escapava e o Ares corria como um louco atrás de mim. Me alcançava, me agarrava bem firme e se jogava na água comigo para me fazer perder o medo. [*pausa*] E você sabe o que ele conseguia com isso? Que eu ficasse com mais medo ainda. De manhã, quando eu acordava, só de pensar que tinha aula de natação, eu vomitava o café da manhã e começava a chorar. Implorava à minha mãe para não ir mais à piscina. Martirizava ela com essa história. Só aprendi a nadar aos 12 anos, quando os garotos da minha sala já sabiam havia anos. Foram umas amigas da minha mãe que me ensinaram. Eram umas mulheres mais velhas que no verão se reuniam ao meio-dia na piscina para bater papo e dar uns mergulhos. Meio fofoqueiras, mas boa gente. Vê só... Quem diria que eu ia acabar sendo professor de natação.

**ANA:** Não sei por que você me vem com isso agora.

**RUBENS:** Tem a ver com o que nós estávamos falando.

**ANA:** Um trauma infantil?

**RUBENS:** Não!

**ANA:** Agora sou eu que não entendo aonde você quer chegar.

**RUBENS:** Aquilo que você comentava sobre o Alex... [*pausa*] Eu seria incapaz de assustar uma criança.

**ANA:** O que eu comentava com você sobre o Alex... não era um comentário. Eu te disse que ouvi queixas.

**RUBENS:** Você me conhece.

**ANA:** Conheço?

**RUBENS:** Sim. [*pausa*] O que é que você está insinuando?

**ANA:** Nada.

**RUBENS:** Não dei bronca, não gritei... Não fiz nada disso.

**ANA:** Você o abraçou e deu um beijo nele. É disso que se queixaram.

*Som de um corpo caindo na piscina.*

*Da água saindo pelo nariz e formando bolhas debaixo d'água. Do corpo emergindo à superfície e escutando o ambiente da piscina: os pés batendo na água, os gritos das crianças, os apitos dos professores.*

2

*Davi saindo do vestiário.*

*Sente-se uma certa tensão entre ele e Ana.*

**DAVI:** Me desculpe...

**ANA:** Tem coisas que não podem acontecer.

**DAVI:** Eu não queria... Sinceramente, sinto muito, mas... a senhora sabe que uma coisa não tem a ver com a outra. Eu lhe garanto que nós, os pais, não vamos ficar de braços cruzados.

*Pausa.*

**ANA:** Agora vá embora, por favor.

*Davi vai embora.*

*Ana permanece alguns segundos pensativa.*

*Apaga a luz do vestiário e fica na penumbra, apenas levemente iluminada pela luz que entra pela porta e o longo corredor do fundo.*

*Senta-se. Começa a chorar, mas rapidamente tenta se controlar e se acalmar.*

*Pega o telefone e faz uma chamada.*

**ANA:** Alô, sou eu, Ana. [...] Por favor, verifica se todas as portas estão trancadas. [...] Sim. [...] Não, não está acontecendo nada. [...] As crianças já chegaram? [...] Onde é que elas estão? [...] Certo, dá no mesmo... [...] Sim. [...] Elas devem tocar a campainha quando chegarem do almoço, e você abre para elas, mas tranca as portas depois. [...] Obrigada.

*Heitor entra no vestiário. Acende a luz.*

*Encontra Ana no escuro.*

**HEITOR:** O que é que você está fazendo aí no escuro?

**ANA:** Nada. Estou com dor de cabeça. Enxaqueca. Deve ser enxaqueca.

**HEITOR:** Ou você queria nos pregar um susto?

**ANA:** Não estou para brincadeiras. Falei que estou com dor de cabeça. Quando o Rubens chegar, diz que estou procurando ele.

**HEITOR:** Tá certo.

**ANA:** E que é importante.

*Ana sai.*

*Heitor começa a recolher as boias e os outros objetos da aula, que ele vai organizando em diversas caixas, uma para cada coisa. No corredor, vemos Rubens, que se aproxima. Está de sunga. Em uma das mãos, traz o short e a camiseta, na outra e debaixo do braço, algumas boias das aulas. Coloca a roupa sobre o banco.*

**HEITOR:** Finalmente. Você sempre enrola na hora de recolher as coisas.

**RUBENS:** [*mostrando-lhe as boias que carrega*] E quem foi que recolheu isto?

**HEITOR:** Onde é que estavam?

**RUBENS:** Na piscina.

**HEITOR:** Você não devia entrar na água depois de comer.

**RUBENS:** Não me vem com essa.

**HEITOR:** Você encontrou com a Ana?

**RUBENS:** Não.

**HEITOR:** Estava te procurando.

**RUBENS:** O que é que ela queria?

**HEITOR:** Não sei.

**RUBENS:** Ela não te disse?

**HEITOR:** Não. [*pausa*] Ela está com algum problema?

**RUBENS:** Como é que eu vou saber? [*Heitor dá de ombros. Pausa*] Ela não te disse o que queria?

**HEITOR:** Não. Estava te procurando, só isso. É melhor não deixar ela esperando. Acho que ela está num dia ruim.

**RUBENS:** Ui... Então... Calma... É melhor encarar com calma.

**HEITOR:** Espera aí, ela vai pensar que eu não/

**RUBENS:** Ei... Eu já vou, mas calma. Ela está sempre com uma cara de/

**HEITOR:** Ela disse que era importante.

**RUBENS:** Até parece que você não conhece a Ana. É o tempo todo. "Rubens, está faltando iodo na caixa de primeiros socorros, tem que checar isso sempre, imagina se uma criança escorrega e cai. Tem que ter sempre iodo. Sempre."

**HEITOR:** Caraca!

**RUBENS:** [*ri*] Ah, não... Este mês você é o encarregado? Está tudo sob controle? Parece que não, ou estou enganado? Não te preocupa, que a essa hora ela já resolveu isso, e quando vier, vai ter uma coisa importante para você e outra para mim. Ah! Já sei a minha: para eu ficar atento porque tem um garoto que pode ser alérgico à cortiça da boia ou que/

**HEITOR:** Bom, Rubens, eu já te dei o recado.

**RUBENS:** [*enquanto tira uma carteira de cigarros do armário e pega um*] Muito trabalho no escritório e pouco contato com a/

**HEITOR:** Mas... Posso saber o que você está fazendo?

**RUBENS:** Um cigarrinho. [*oferecendo o maço*] Quer um?

**HEITOR:** Aqui, não.

**RUBENS:** [*faz menção de acender o cigarro*] Abre o chuveiro.

**HEITOR:** Você quer que a gente leve uma bronca?

**RUBENS:** Se você abrir a água quente/

**HEITOR:** Aqui, não.

**RUBENS:** A essa hora/

**HEITOR:** Não!

**RUBENS:** Com o vapor não se nota a fumaça.

**HEITOR:** E o cheiro?

**RUBENS:** Quer dividir o cigarro?

**HEITOR:** Já falei que não!

**RUBENS:** Nossa, como você é...

**HEITOR:** O quê?

**RUBENS:** Cagão. Um cigarro. Um cigarrinho, só isso.

**HEITOR:** Você pode sair/

**RUBENS:** Assim? Você quer que eu congele?

**HEITOR:** Aqui dentro você sabe... É a lei/

**RUBENS:** Corta esse papo! Eu sei.

**HEITOR:** Pois se você sabe/

**RUBENS:** Sabe o que me deixa puto?

**HEITOR:** Não.

**RUBENS:** O que me deixa puto não é a lei, mas as pessoas que ela não protege e que a defendem como se elas mesmas a tivessem escrito.

**HEITOR:** Faz o que você quiser.

**RUBENS:** [*acende o cigarro*] Não vai chegar ninguém.

**HEITOR:** Se te pegam/

**RUBENS:** Se me pegam, sou eu que estou fumando e pronto. Abre a água quente... E daí? Você tem medo de uma bronca da Ana.

**HEITOR:** Não.

*Heitor pega o desodorante do seu armário e borrifa um pouco no ar para disfarçar o cheiro de cigarro.*

**RUBENS:** Você devia ser aquele tipo que nunca matava aula.

**HEITOR:** Vá à merda!

**RUBENS:** Nunca teve vontade de fazer alguma coisa só para romper as normas?

**HEITOR:** Ah, tá! Que grande heroísmo não poder esperar dez minutos para fumar lá fora e arranjar encrenca. Você é burro, sabia?

**RUBENS:** Não estou falando disso.

**HEITOR:** Está falando de quê, então?

**RUBENS:** Eu garanto que, se você pudesse, adoraria dar uns tapas naquela garota metida... Como é o nome dela mesmo?

**HEITOR:** Quem?

**RUBENS:** Aquela garota insuportável/

**HEITOR:** Não sei, tem umas/

**RUBENS:** Claro que sabe. A do maiô da Hello Kitty.

**HEITOR:** Adriana.

**RUBENS:** Tá vendo? Você ia adorar dar uns tapas nela e dizer: "Cala a boca! Cala a boca, porra! E fica batendo os pés aí até a hora de ir embora." Não, melhor ainda... "Até eu mandar você parar."

*Heitor cai na risada.*

**RUBENS:** Tá vendo?

**HEITOR:** Não fui eu que falei isso.

**RUBENS:** Você adoraria.

**HEITOR:** Vá à merda!

**RUBENS:** Não, não... Não é só que você adoraria: você tem uma vontade louca.

**HEITOR:** Para com isso, cala a boca.

**RUBENS:** E enquanto ela bate os pés, você aproveita para comer a mãe dela, que é a culpada de ela ser uma metida insuportável. Eu já vi como você olha pra mãe... Tá na cara que você fica pensando: "A mãe também é uma metida, mas é gostosa, a cachorra."

*Heitor ri.*

**RUBENS:** É uma dessas coroas que a gente fode só de raiva só pra ver se ela se manca. Quatro boas estocadas e os brincos dela vão sair pelas orelhas.

**HEITOR:** Não, você é/

**RUBENS:** [*gesticulando*] Assim... Assim... Assim...

**HEITOR:** Rubens/

**RUBENS:** Toma! Toma!

**HEITOR:** Você está/

**RUBENS:** Adriana, olha o que eu estou fazendo com a mamãe para você aprender!

**HEITOR:** [*rindo*] /louco.

**RUBENS:** [*agarrando Heitor de surpresa por trás e fingindo que está comendo ele*] Assim! Assim! Assim! Ai, assim, gostosa!

**HEITOR:** [*desembaraçando-se de Rubens*] Para, fica quieto!

*Pausa longa.*

**RUBENS:** Agora eu não sei se você ficou puto ou ficou excitado. [*pausa*] Quer uma tragada?

**HEITOR:** Não.

**RUBENS:** Era brincadeira.

**HEITOR:** Pois não tem graça.

**RUBENS:** [*debochando*] Não tem graça.

*Pausa.*

**HEITOR:** Se fosse só a chata da Adriana...

**RUBENS:** Também, esse teu grupo... Essa garota e ainda por cima o Gollum... Parece que você pegou a prata da casa.

**HEITOR:** Não te aguento!

**RUBENS:** Mas você já viu o garoto?

**HEITOR:** Todos os dias!

**RUBENS:** Não admira que os outros/

**HEITOR:** Coitado...

**RUBENS:** Mas é igualzinho! Olha, vou te dizer... O do filme é até mais bonitinho.

*Os dois rapazes caem na risada.*

**HEITOR:** Qualquer dia a gente devia fazer uma troca.

**RUBENS:** Que troca?

**HEITOR:** Você passa uma temporada com os Golfinhos e eu com os Cavalinhos-Marinhos.

**RUBENS:** Ah, não.

**HEITOR:** Por que não?

**RUBENS:** Pra mim está ótimo com os Cavalinhos.

**HEITOR:** Só pra variar.

**RUBENS:** A metida e o Gollum? Nem de graça.

**HEITOR:** Pô, eles são/

**RUBENS:** O quê? São o quê? Diferentes. Então por que é que você quer trocar comigo?

**HEITOR:** Já estou há muito tempo com eles. Os menorezinhos são mais dóceis. Os meus já estão entrando naquela fase chata.

**RUBENS:** Não me torra o saco. Eu estou bem assim. Pré-adolescentes... Que saco! Os meus podem não ser tão chatos, mas choram mais.

**HEITOR:** Choram, mas não se queixam tanto.

**RUBENS:** Além disso... Essa troca é impossível.

**HEITOR:** Por quê?

**RUBENS:** Não pode ser.

**HEITOR:** Me dá um motivo.

*Pausa.*

**RUBENS:** Com os professores de natação acontece a mesma coisa que nas colônias de férias. Você nunca reparou?

**HEITOR:** O quê?

**RUBENS:** Sempre tem o monitor gato, o simpático e o chato. Com os professores de natação é a mesma coisa. Eu sou o gato... Ah! E o simpático também.

**HEITOR:** E eu?

**RUBENS:** Você é o chato.

**HEITOR:** Muito obrigado.

**RUBENS:** Se eu pegasse o grupo de 12 anos, ia dar problema.

**HEITOR:** Que problema?

**RUBENS:** Bilhetinhos, olhares, indiretas...

**HEITOR:** O que é isso! Eles só têm 12 anos!

**RUBENS:** Hoje em dia, aos 12 anos, eles sabem muito mais do que eu e você.

**HEITOR:** Te garanto que comigo isso nunca aconteceu.

**RUBENS:** Porque você é o chato.

**HEITOR:** Caralho!

**RUBENS:** Um dia presta atenção nas olhadelas, nos cochichos.

**HEITOR:** O que é isso!

**RUBENS:** É, sim... Olhadelas... [*agarrando a mala*] Principalmente aqui...Ou você acha que nunca peguei nenhum dos teus queridos Golfinhos olhando pra isso aqui.

**HEITOR:** Mesmo?

**RUBENS:** Claro!

*Rubens e Heitor riem.*

**HEITOR:** Tá maluco!

**RUBENS:** A Cris e a Clara são muito saidinhas! Dão fé de tudo. Mais de uma vez eu já peguei as duas com os olhos cravados aqui, comentando e dando risadinhas.

**HEITOR:** O que é você está dizendo? Para com isso.

**RUBENS:** Umas safadinhas! Você não viu as fotos da Cris no Facebook?

**HEITOR:** A Cris dos Golfinhos?

**RUBENS:** Sim... Cada foto que/

**HEITOR:** E como é que você adicionou ela?

**RUBENS:** Ela me convidou pra eu ser seu amigo.

**HEITOR:** A mim ela não convidou.

**RUBENS:** Porque você é o chato! Ah... E no teu grupo, além do Gollum, que ainda não sabemos exatamente o que é, tem pelo menos uns dois que dão pinta.

**HEITOR:** Ah, para!

**RUBENS:** É verdade.

**HEITOR:** Como é que vão dar pinta tão pequenos!

**RUBENS:** E o que é que tem? No meu grupo também tem.

**HEITOR:** No teu grupo?

**RUBENS:** Com certeza.

**HEITOR:** Pois eu não presto atenção nessas coisas.

**RUBENS:** Você pode até não prestar atenção. Mas te garanto que não estou enganado. [*pausa*] Não, não... Nada de trocas. Nem pensar! Vamos deixar como está. Eu fico com os Cavalinhos-Marinhos, que são mais inocentes e dão menos problema.

**HEITOR:** Eu, se fosse você, excluía a Cris do seu Facebook.

**RUBENS:** Por quê?

**HEITOR:** Um amigo meu me contou que um conhecido dele que mora em Londres, e trabalha com crianças, adicionou duas alunas no Facebook. As garotas ficaram sabendo em que *pubs* ele ia, e eles começaram a se encontrar. Deu a maior merda.

**RUBENS:** Que idade elas tinham?

**HEITOR:** Sei lá, 16 ou 17.

**RUBENS:** Não é a mesma coisa.

**HEITOR:** Exclui ela, sério. Exclui. Eu, se fosse você, faria isso.

*Pausa.*

**RUBENS:** Você fala da Cris como se ela fosse um perigo público.

**HEITOR:** E você, como se ela fosse uma máquina sexual.

*Silêncio. Os dois rapazes riem.*

**HEITOR:** Exclui.

*Pausa.*

**HEITOR:** Você tem certeza?

**RUBENS:** De quê?

**HEITOR:** Do que eu estava te falando. Vamos tentar. Só por um mês. Você pega os Golfinhos e eu, os Cavalinhos.

**RUBENS:** Ninguém mexe nos Cavalinhos-Marinhos. São meus. [*pausa*] Ah, e com o Gollum no meio... inegociável.

*Os dois rapazes caem na risada.*
*Entra Ana.*

**ANA:** Do que é que vocês estão achando tanta graça?

**RUBENS:** Eu já estava de saída.

**ANA:** [*para Heitor*] Eu não tinha te dito/

**HEITOR:** Sim, mas é que...

**RUBENS:** Eu já estava indo.

**ANA:** Que cheiro é esse?

**HEITOR:** Não estou notando nada.

**RUBENS:** [*referindo-se a uma caixa onde estão guardadas as boias das aulas de natação*] Vou pôr essas coisas no lugar.

**ANA:** Deixa. O Heitor faz isso depois. Pelo menos, assim espero.

**RUBENS:** É só um instante.

**ANA:** Eu preciso falar com você. Heitor, você pode guardar isso?

*Rubens, que está atrás de Ana, faz caretas. Heitor ri.*

**ANA:** Heitor...

*Heitor não diz nada.*

*Pega umas caixas e sai.*

*Ana se certifica de que Heitor saiu.*

**RUBENS:** O que é que há?

**ANA:** O que foi que aconteceu com o Alex?

*Som de um corpo caindo na piscina.*

*Da água saindo pelo nariz e formando bolhas debaixo d'água.*

*Do corpo emergindo à superfície e escutando o ambiente da piscina: os pés batendo na água, os gritos das crianças, os apitos dos professores.*

3

*Rubens e Ana num diálogo já iniciado.*

**RUBENS:** Vê só... Quem diria que eu ia acabar sendo professor de natação.

**ANA:** Não sei por que você me vem com isso agora.

**RUBENS:** Tem a ver com o que nós estávamos falando.

**ANA:** Um trauma infantil?

**RUBENS:** Não!

**ANA:** Agora sou eu que não entendo aonde você quer chegar.

**RUBENS:** Aquilo que você me comentava sobre o Alex... [*pausa*] Eu seria incapaz de assustar uma criança.

**ANA:** O que eu comentava sobre o Alex... Não era um comentário. Eu te disse que ouvi queixas.

**RUBENS:** Você me conhece.

**ANA:** Conheço?

**RUBENS:** Sim. [*pausa*] O que é que você está insinuando?

**ANA:** Nada.

**RUBENS:** Não dei bronca, não gritei... Não fiz nada disso.

**ANA:** Você o abraçou e deu um beijo nele. É disso que se queixaram.

*Pausa.*

**RUBENS:** O quê?

**ANA:** Sim. Estão dizendo que você foi muito...

**RUBENS:** Muito o quê?

**ANA:** Muito...

**RUBENS:** [...]

**ANA:** ... carinhoso.

**RUBENS:** O Alex tem medo da água.

**ANA:** Muitas crianças têm.

**RUBENS:** Começou a chorar.

**ANA:** Sim.

**RUBENS:** Eu só queria tranquilizar o garoto... Para que não se assustasse...

**ANA:** Tá bom.

**RUBENS:** Não. "Tá bom", não. Se queixaram para você. Estão insinuando que...

**ANA:** Rubens...

**RUBENS:** E você?

**ANA:** Os pais...

**RUBENS:** Não, os pais, não: você. O que é que você pensa disso?

**ANA:** São os filhos deles.

**RUBENS:** Você nunca deu um beijo numa das crianças?

*Pausa.*

**ANA:** Dei.

**RUBENS:** Mas você é mulher. Não é a mesma coisa... Claro! [*pausa*] Se eu tivesse dado uma bronca... Se tivesse dado um tapa nele... Isso, não. O garoto, aí sim, ia ter motivos para ficar assustado e não querer entrar na água nunca mais. Iam cair em cima de mim. E com razão. Mas isso eu não faria nunca. E agora estão se queixando porque eu sou carinhoso demais.

**ANA:** Fica tranquilo. Ninguém caiu em cima de você.

**RUBENS:** Estão falando que... Como é que você quer que eu fique tranquilo?

**ANA:** Rubens...

**RUBENS:** Eu não consigo imaginar que alguém... Tem que ser muito doente. [*pausa*] E você? Você ainda não me disse o que é que você pensa disso.

*Pausa longa.*

**RUBENS:** Não diz nada?

**ANA:** Não sei o que dizer.

**RUBENS:** Diz alguma coisa.

**ANA:** Não sei.

**RUBENS:** Você me conhece há muito tempo e sabe perfeitamente/

**ANA:** Perfeitamente, eu não sei nada. Nem de você nem de ninguém.

**RUBENS:** Obrigado.

**ANA:** E aconteceu aquilo no centro de recreação que fica a vinte minutos daqui. Aqui do lado.

**RUBENS:** Passo todos os dias em frente.

**ANA:** Essa semana mesmo.

**RUBENS:** Estou sabendo, e acho uma coisa repugnante. Você acha que eu seria capaz de... Você acha mesmo que...

**ANA:** Rubens... É normal que/

**RUBENS:** É? Você acha que é normal?

**ANA:** É compreensível que eles estejam assustados.

**RUBENS:** Foi só um beijinho.

**ANA:** Foi isso? Só um beijinho?

**RUBENS:** Um beijo é uma coisa inocente.

**ANA:** Não. Nem sempre.

*Pausa.*

**RUBENS:** O meu foi.

**ANA:** Pode acreditar que te defendi, e eu quero crer que... Mas/

**RUBENS:** Mas o quê?

**ANA:** É difícil acreditar que um beijo na boca de uma criança seja uma coisa inocente.

**RUBENS:** O que é que você está dizendo? Isso é um absurdo!

**ANA:** É verdade ou não é?

**RUBENS:** Não! Claro que não! De onde você tirou isso?

**ANA:** A Paula contou para a mãe dela que o Alex não queria entrar na piscina e que não parava de chorar, e que você deu um beijo nele. A mãe perguntou onde você deu o beijo, e ela disse que foi na boca.

**RUBENS:** Não é verdade. Vai ver... Sei lá... Ela se confundiu.

**ANA:** Foi isso o que a menina falou que tinha visto.

**RUBENS:** Tá, mas não é verdade... Vai ver que de lá onde ela estava, ela teve a impressão ou... Não sei... Mas não é verdade. Isso eu não faria nunca. Te juro.

**ANA:** [...]

**RUBENS:** Ela falou que tinha visto ou que teve a impressão?

**ANA:** Não sei.

**RUBENS:** Está vendo? Com certeza foi só uma impressão... Não viu direito. Se enganou. O que eu não entendo... Você está dizendo que... Mas... por que a mãe perguntou onde eu dei o beijo? O que é que ela esperava/

**ANA:** Ela perguntou se você faz isso normalmente, e a garota respondeu que você costuma dar beijinhos, mas na bochecha, e que o beijo no Alex tinha sido diferente.

**RUBENS:** Merda!

**ANA:** Você entende que/

**RUBENS:** A Paula se enganou. Pode acreditar.

**ANA:** Me diz que não é verdade.

**RUBENS:** Estou te dizendo. Já te disse várias vezes. Juro.

**ANA:** Me garante que não tenho nenhum motivo para me preocupar.

**RUBENS:** Mas o que é que está te preocupando?

**ANA:** Você sabe.

**RUBENS:** Não! Não sei... O Alex? Eu? Os pais? A reputação da piscina? Teu prestígio? Tua posição?... Ou outra coisa?

**ANA:** Outra coisa?

**RUBENS:** Outra coisa que não essas que eu citei.

*Pausa.*

**ANA:** Eu só quero que você me diga que não tenho motivo para me preocupar.

**RUBENS:** Ele não parava de chorar. Foi um gesto espontâneo. Eu o abracei e dei um beijo. Um beijo na bochecha. Só isso. Falei para ele confiar em mim, e tive a impressão que ele se acalmou.

**ANA:** Tá bem.

**RUBENS:** Tá bem? Não. Para eles esse momento é... Têm medo da água e precisam confiar em mim.

**ANA:** Sim.

**RUBENS:** Como é que eles vão confiar em mim se eu não posso nem chegar perto?

**ANA:** Rubens...

**RUBENS:** Como? Se nem você confia em mim, e agora parece que os pais também não.

**ANA:** Um dos pais me perguntou coisas a seu respeito e... Realmente eu não sei nada.

**RUBENS:** Quem?

**ANA:** O pai do Daniel.

**RUBENS:** Esse cara não veio nunca aqui na piscina. Nem um único dia.

**ANA:** Veio hoje. Esteve aqui há pouco. Te procurando.

**RUBENS:** A mim?

**ANA:** Sim.

**RUBENS:** O que é que ele queria? O que foi que te perguntou? [*pausa.*] O que é que ele queria saber?

**ANA:** Você não precisava ter beijado o Alex.

**RUBENS:** Já te falei. Ele estava assustado. Eu fiz o mesmo que faria com os meus sobrinhos!

**ANA:** Mas o Alex não é teu sobrinho. Nenhum dos garotos da escolinha é sobrinho teu. São os filhos deles/

**RUBENS:** Sim. E daí?

*Pausa.*

**ANA:** Acontece cada coisa... Eles estão assustados com o que aconteceu no centro de recreação.

**RUBENS:** E agora, o que é que esperam que eu faça?

**ANA:** Vamos tentar acalmar os pais. Essa história não deve se espalhar nem ser exagerada além da conta.

**RUBENS:** Não me refiro aos pais. [*pausa*] E eu?

**ANA:** O que é que tem?

**RUBENS:** O que esperam que eu faça a partir de amanhã? Quando os pais vierem pegar as crianças... Como é que eu vou olhar para a cara deles? Como...? Não vou poder segurar as crianças pela barriga quando peço para elas baterem os pés? Nem segurar elas pelas mãos? O que eu quero dizer... É que não sei mais nem como vou tocar nelas. Ou olhar para elas. E se eu não olhar para elas... Alguém poderia interpretar como...

**ANA:** Chega, Rubens.

**RUBENS:** Não. E quando, no final da semana, eu agarro elas e me jogo com elas na piscina? E aí? Hein? É uma brincadeira! Para perderem o medo. Para se divertirem. E elas se divertem. Adoram.

**ANA:** Eu sei.

**RUBENS:** Pois é, você sabe...

**ANA:** Eu sou a responsável/

**RUBENS:** De quê? É que a partir de agora eu não vou conseguir deixar de pensar nessas coisas. E se o boato se espalha... Você sabe o mal que isso pode me causar?

**ANA:** Nós vamos esclarecer isso. Vamos tranquilizar os pais e esquecer essa história.

*Pausa.*

**RUBENS:** Obrigado.

*Pausa longa.*

*Os dois ficam numa situação incômoda, como se quisessem dizer algo e não soubessem como.*

**ANA:** Rubens... Você é homossexual?

**RUBENS:** O quê?

**ANA:** [...]

**RUBENS:** Te perguntaram isso?

**ANA:** Já te falei que eu quero encerrar essa história o mais rápido possível.

**RUBENS:** Você não pode me fazer essa pergunta.

**ANA:** Eu não sei nada sobre você.

**RUBENS:** Não te basta saber que faz cinco anos que estou aqui e que faço bem o meu trabalho?

**ANA:** Você é?

*Pausa.*

**RUBENS:** Estou pirando... Você sabe que não tem o direito de me perguntar isso.

*Pausa.*

**ANA:** Você está namorando alguém?

**RUBENS:** Não.

**ANA:** Uma relação mais ou menos estável?

**RUBENS:** Não.

*Pausa longa.*

**ANA:** Você gosta de meninos?

*Pausa longa.*

**RUBENS:** Não! [*pausa*] Não... [*pausa*] Acho que não.

**ANA:** Acha que não?

**RUBENS:** Eu gosto de estar com eles, de me relacionar com eles. Eu sou carinhoso com os garotos, não posso ser diferente. É uma coisa espontânea... Não tem nenhum mal... Mesmo! Nenhuma coisa desse tipo... Me custa crer que... Você acha mesmo que isso quer dizer que eu gosto deles?

*Pausa.*

**ANA:** Não. Acho que não.

**RUBENS:** Estou indo.

**ANA:** Aonde?

**RUBENS:** Não entendo por que você não confia em mim.

**ANA:** Confio, sim.

**RUBENS:** Não. Você dá mais importância a um pai que nunca apareceu aqui na piscina e às palavras de uma menina de 5 anos... Não vem me dizer que você confia em mim.

**ANA:** Eu sou a diretora da piscina.

**RUBENS:** Eu sei.

**ANA:** Os pais...

**RUBENS:** O quê? O que é que tem os pais?

**ANA:** Já te falei. Toda essa história do centro de recreação... Todo dia sai alguma coisa na televisão... ou no jornal/

**RUBENS:** Uma mulher entrou numa aula e agrediu a professora na frente dos alunos porque a professora tinha mandado eles voltarem do recreio e o filho dela ainda não tinha acabado a merenda. No jornal também saem coisas desse tipo... Não é a primeira vez que... São pais que parecem saber melhor do que nós como a gente deve fazer o nosso trabalho... Os pais o quê? O que é que você está me dizendo?

**ANA:** Eu me preocupo com as crianças.

**RUBENS:** Você diz que não são meus sobrinhos, mas você também não é a mãe deles. Entende? Não é e nunca vai ser. E, sinceramente, acho difícil alguém querer te engravidar com essa sua cara amargurada.

*Ana dá-lhe uma bofetada.*

*Rubens tira o roupão e fica nu.*

**ANA:** O que é que você está fazendo?

**RUBENS:** O que é que ia pensar alguém que entrasse agora, neste momento? Como iriam interpretar isso? Isso também te preocupa?

**ANA:** Põe a roupa.

*Rubens veste a sunga. Pega uns óculos de mergulho e uma touca de natação.*

**RUBENS:** Vou dar umas braçadas.

**ANA:** Rubens...

**RUBENS:** Me deixa em paz. Eu gostaria de nadar um pouco antes da aula da tarde porque... Eu ainda vou dar a aula da tarde, não vou?

*Rubens deixa o vestiário e sai pelo corredor.*

*Ana sai atrás dele.*

**ANA:** Rubens...

*Ana volta ao vestiário.*

*Fica alguns segundos imóvel.*

*Dá-se conta de que o armário de Rubens está entreaberto.*

*Abre-o. Procura algo ali dentro.*

*Heitor, que cruzou com Rubens, aproxima-se, vindo do fundo do corredor.*

*Entra no vestiário.*

**HEITOR:** Pode-se saber que porra aconteceu com ele?

*Ana se precipita e, com o nervosismo, deixa cair uma carteira do interior do armário.*

**ANA:** [*após um sobressalto*] Heitor... Que susto você me deu.

**HEITOR:** Está acontecendo alguma coisa?

**ANA:** Não. Nada.

*Ana e Heitor se olham com desconfiança.*

**HEITOR:** Aí no chão... A carteira do Rubens.

**ANA:** Ele foi nadar. Vai ver que deixou cair.

**HEITOR:** Não... Ela acabou de cair neste instante.

*Som de um corpo caindo na piscina.*

*Da água saindo pelo nariz e formando bolhas debaixo d'água.*

*Do corpo emergindo à superfície e escutando o ambiente da piscina: os pés batendo na água, os gritos das crianças, os apitos dos professores.*

**4**

*Semipenumbra.*

*Só está acesa a luz do corredor que se vê da porta de entrada do vestiário.*

*Davi sentado no banco, no mesmo lugar onde estava Rubens na cena anterior.*

*Ana vem se aproximando pelo corredor. Ao chegar ao vestiário, acende a luz. Assusta-se ao deparar com o homem.*

**DAVI:** Me desculpe.

**ANA:** O que é que o senhor está fazendo aqui?

**DAVI:** Quem é a senhora?

**ANA:** Me parece que é o senhor quem tem que dizer quem é.

**DAVI:** Me chamo Davi. A senhora quem é?

**ANA:** A diretora da piscina. O senhor não pode estar aqui. Este é um espaço de uso exclusivo dos funcionários.

**DAVI:** Eu sei... tem um cartaz que diz isso.

**ANA:** O senhor devia sair.

**DAVI:** O meu filho faz aula no grupo Cavalinhos-Marinhos.

**ANA:** De qualquer forma, o senhor não pode estar aqui.

**DAVI:** Como é o nome do professor do meu filho?

**ANA:** O senhor não sabe?

**DAVI:** Não.

**ANA:** Rubens.

**DAVI:** Ele é gay?

*Pausa longa.*

**ANA:** Me perdoe, mas... Acho que isso não vem ao caso.

**DAVI:** Mas ele é?

**ANA:** Não sei.

**DAVI:** Não sabe?

**ANA:** Não.

**DAVI:** Não sabe que tipo de pessoa é o professor do grupo infantil da sua piscina?

**ANA:** Eu acho que isso/

**DAVI:** Não sabe.

**ANA:** E o senhor não sabe o nome do professor do seu filho.

*Pausa.*

**DAVI:** Está pondo em dúvida... ou está insinuando que não me preocupo com meu filho?

**ANA:** Não quis dizer isso. Só estou dizendo que eles vêm tendo aula há mais de meio ano.

**DAVI:** Eu sei.

**ANA:** Mas o senhor não sabe o nome do professor.

**DAVI:** Não mude de assunto.

**ANA:** Tenho certeza que seu filho deve ter falado muitas vezes o nome dele quando lhe conta alguma coisa da piscina.

**DAVI:** Vai ver não gravei. Meu filho fala de muitas coisas. Ele deve ter dito esse nome assim como os nomes dos professores do colégio e os dos coleguinhas.

**ANA:** Está bem... Como se chama o seu filho?

**DAVI:** Daniel.

**ANA:** Tem dois Daniel no grupo.

**DAVI:** Daniel Fontes.

**ANA:** É um menino muito bacana... Diz que quer ser socorrista e... fala muito da irmãzinha. Ganhou uma irmãzinha há pouco tempo, não foi?

**DAVI:** Não banque a simpática comigo.

**ANA:** [...]

**DAVI:** O que é que a senhora quer provar? Que conhece bem as crianças? Eu não duvido que faça bem o seu trabalho, mas a senhora sabe que não vim aqui para falar disso.

**ANA:** Deve ser a primeira vez que o senhor vem à piscina.

**DAVI:** A minha mulher se encarrega de trazer e pegar o Daniel.

**ANA:** E agora o senhor se apresenta aqui fora do horário de aula...

*Pausa.*

**DAVI:** Eu já lhe perguntei. O professor dos Cavalinhos... esse tal de Rubens, é gay?

**ANA:** Não sei. E eu acho que se ele é ou não é homossexual, é problema dele, e não diz respeito a ninguém mais. Nem ao senhor nem a mim.

**DAVI:** Ele é professor do meu filho.

**ANA:** No caso de ele ser homossexual, isso não tem a menor importância.

**DAVI:** Não?

**ANA:** Se ele fosse, seria um problema para o senhor?

**DAVI:** Não. Não tenho nenhum problema com isso. Aliás, tenho amigos gays. Mas se ele for um pervertido, aí, sim.

**ANA:** Eu conheço o Rubens há muito tempo. É um dos nossos melhores professores. É uma boa pessoa e um bom profissional.

**DAVI:** Não duvido do profissionalismo dele, mas como é que vou saber se é realmente uma boa pessoa?

**ANA:** Eu o conheço.

**DAVI:** Conhece?

**ANA:** Conheço.

**DAVI:** A senhora mesma me disse há pouco que não/

**ANA:** Por onde o senhor entrou? A piscina fecha ao meio-dia.

**DAVI:** Isso também não tem a menor importância.

**ANA:** O senhor não pode estar aqui.

**DAVI:** A senhora sabe do que estou falando.

**ANA:** O senhor veio pegar seu filho?

**DAVI:** Sim.

**ANA:** Mas o que é que o senhor está pensando? Essa é a hora do almoço. Ele não está. E não é assim que as coisas devem ser feitas.

**DAVI:** Se trata do meu filho.

**ANA:** Eu lhe garanto que não há nenhum problema.

**DAVI:** Me garante?

**ANA:** Sim.

**DAVI:** Como é que pode garantir que ele não seja um pervertido ou o que passa pela cabeça dele quando pega uma das crianças? O meu filho, por exemplo. Acha normal que ele fique dando beijos e abraços nas crianças dentro d'água?

**ANA:** Um gesto mal-interpretado. Isso é o que eu acho.

**DAVI:** Estou vendo que a senhora está a par da situação.

**ANA:** Estou.

**DAVI:** Os pais de outras crianças também comentaram.

**ANA:** Sim. O Rubens/

**DAVI:** É uma boa pessoa e um bom profissional.

**ANA:** Sim.

**DAVI:** A senhora falou com ele?

**ANA:** Não.

**DAVI:** Mas, em compensação, poria a mão no fogo por esse rapaz.

**ANA:** [...]

**DAVI:** E não cogita averiguar/

**ANA:** Eu já lhe falei. Não tenho nenhum direito de perguntar a ele ou a qualquer um dos meus funcionários a respeito da sua vida privada. Nunca fiz nem nunca vou fazer isso. Nunca. [*dirigindo-se à porta*] E agora quer fazer o favor/

**DAVI:** Nós estamos preocupados. A minha mulher viu um comentário que postaram no grupo dos pais das aulas de natação que nós temos no Facebook.

**ANA:** No Facebook?

**DAVI:** Sim.

**ANA:** Quem foi que fez isso?

**DAVI:** Que importância tem?

**ANA:** Todo o mundo tem acesso a essa postagem?

**DAVI:** Só os que estão no grupo.

**ANA:** Essa é uma acusação muito grave.

**DAVI:** É normal que nós, os pais, estejamos preocupados.

**ANA:** Mas escrever assim sem mais nem menos no Facebook... sem ter certeza...

**DAVI:** A senhora tem filhos?

**ANA:** Estão criando um falso alarme. É possível apagar um comentário depois de ter escrito?

**DAVI:** É isso que a preocupa?

**ANA:** Me parece precipitado e...

**DAVI:** É um grupo só nosso, dos pais.

**ANA:** Certo, mas...

**DAVI:** Para falarmos dos horários, das aulas, dos nossos filhos... é um grupo fechado.

**ANA:** Mas todos os pais podem ler.

**DAVI:** A senhora acha ruim que a gente esteja conectado?

**ANA:** Não! Mas... postar esse comentário me parece uma coisa um pouco irresponsável, sinceramente.

**DAVI:** A senhora tem filhos? Não. Não tem. Dá para ver.

**ANA:** O que o senhor quer dizer com isso?

**DAVI:** Aí fica difícil entender.

**ANA:** É claro que eu entendo.

**DAVI:** A senhora acompanha o noticiário?

**ANA:** Sim.

**DAVI:** Faz só dois dias... A senhora viu o que aconteceu no centro de recreação/

**ANA:** Sim.

**DAVI:** Esse centro de recreação fica a vinte minutos daqui. Aqui ao lado.

**ANA:** Eu sei.

**DAVI:** É asqueroso.

**ANA:** É.

**DAVI:** Aqui ao lado.

**ANA:** Mas isso não quer dizer que/

**DAVI:** Como é que a senhora sabe?

**ANA:** [...]

**DAVI:** Parece que também era uma boa pessoa. Uma pessoa ótima. E um bom profissional também.

**ANA:** Mas isso não tem nada a ver.

**DAVI:** Um dos seus professores fica dando beijinhos e tocando as crianças.

**ANA:** Dito dessa maneira... É um exagero.

**DAVI:** Beijou um menino na boca.

**ANA:** Nós não sabemos se foi exatamente assim!

**DAVI:** Mas diante de algo assim, a senhora acha estranho eu me preocupar com a pessoa que convive com o meu filho, que o acompanha até o vestiário onde todos os meninos se trocam?

**ANA:** [...]

**DAVI:** A senhora não tem filhos. É difícil a senhora entender. Quando se é pai, caminhando pela rua ou pelo parque, você não se permite se distrair nem por um segundo. O coração dá um pulo quando, de repente, ainda que seja um instantinho, você tem a sensação de que perdeu de vista o seu filho. A simples ideia de que você se distraia um segundo e alguém o leve, ou o meta dentro de um carro para fazer com ele sabe-se lá o quê, e que você não vai vê-lo nunca mais, isso é... Você carrega sempre esse medo. De alguém que se aproveite do fato de ele ser uma criança e lhe faça mal. Se me acontecesse uma coisa dessas, não me perdoaria nunca.

**ANA:** Eu entendo.

**DAVI:** Entende?

**ANA:** Claro que sim, mas acho que o senhor está confundindo as coisas. Está fazendo tempestade em copo d'água.

**DAVI:** A senhora também viu no noticiário.

**ANA:** E me revolta o estômago. Pode ter certeza.

**DAVI:** Revolta o estômago, mas nem assim/

**ANA:** Não se atreva a duvidar. O que estou tentando lhe explicar é que aquilo não tem nada a ver/

**DAVI:** Como é que a senhora pode garantir? Foi a primeira coisa que me disse: a senhora não sabe nada sobre esse rapaz. Sobre a sua vida. Suas intenções. E pelo visto não pensa em averiguar, já que, para a senhora, o respeito pela vida privada dos seus funcionários está acima da segurança das crianças e das preocupações dos pais.

**ANA:** E, na sua opinião, o que o senhor acha que eu deveria fazer?

**DAVI:** Este rapaz não pode trabalhar com crianças. Toma muitas/

**ANA:** Foi só... Não lhe ocorre que talvez não houvesse má intenção, que tenha sido um gesto espontâneo?

**DAVI:** Um beijo na boca.

**ANA:** Nem sabemos ainda se isso é verdade. Foi o que disse uma menina e... O senhor não pode aparecer aqui assim e falar desta maneira. As coisas não se fazem assim.

**DAVI:** É meu filho. A senhora não é mãe.

**ANA:** Não é justo o senhor vir me dizer/

**DAVI:** Tampouco é justo que a senhora me trate como se eu fosse um paranoico. Eu e os outros pais.

**ANA:** Ninguém o tratou assim.

**DAVI:** A senhora tenta mostrar que não é problema uma coisa que nos preocupa. [*pausa*] Da minha casa, numa das janelas do prédio bem em frente do nosso, eu vejo um homem que passa o dia grudado no computador. Deve ter a minha idade. Pelos seus gestos, pelo seu jeito de teclar, de rir... É evidente que está conversando com alguém. Com alguém que ele gosta. Já faz alguns dias, eu o surpreendi mais de uma vez ficando de pé, levantando a camisa e, inclusive, desabotoando as calças. Provavelmente ele faz isso diante da webcam. Não está nem aí se eu o estou vendo, ou os meus filhos ou qualquer outro vizinho. Imagine só, se esse homem é capaz de fazer isso à vista de todo o mundo... Eu tenho filhos e me preocupa que eles possam ver o sujeito desabotoando as calças. Mas, acima de tudo, me preocupa quem está do outro lado do computador. Que um dia, do outro lado, esteja um dos meus filhos, e alguém consiga enganá-los e convencê--los a atravessar a rua e subir até o seu apartamento. A senhora sabe perfeitamente que coisas desse tipo acontecem, e sempre com pessoas que a gente nunca imaginaria. Todo dia. Muitas vezes ficamos sabendo dessas histórias, de casos de crianças com quem acontece alguma coisa, e elas não contam ou... Quando a gente tem filhos, não pode nunca abaixar a guarda. Na rua, no parque, no colégio. Às vezes você vê alguém olhando para os seus filhos. Gente normal. Você nunca sabe por que eles estão olhando. Nunca. Quando se trata de uma criança, do seu próprio filho, você não pode se impedir de desconfiar dos adultos. Me entende?

*Pausa longa.*

**ANA:** Já lhe falei. O senhor não pode estar aqui.

**DAVI:** Já estou indo embora.

**ANA:** Obrigada.

**DAVI:** Mas a senhora ainda não me disse o que pretende fazer com esse rapaz.

**ANA:** [...]

**DAVI:** Não vai dizer nada?

**ANA:** O senhor falou que estava indo embora.

**DAVI:** O rapaz... O professor.

**ANA:** O nome dele é Rubens.

**DAVI:** Esse tal de Rubens, a que horas ele volta?

**ANA:** Por favor, se retire.

**DAVI:** Quer dizer que ele vai dar aula hoje de tarde como se nada tivesse acontecido.

**ANA:** Por favor, não me faça repetir mais uma vez. O senhor não pode estar aqui.

**DAVI:** O meu filho não vai continuar com as aulas de natação.

**ANA:** [...]

**DAVI:** Pode excluí-lo.

**ANA:** Esse procedimento o senhor tem que fazer na recepção.

**DAVI:** Pode-se fazer por telefone?

**ANA:** Sim.

**DAVI:** Esta tarde mesmo.

**ANA:** É uma decisão sua. Está em seu direito.

**DAVI:** A senhora não pretende fazer nada. Posso lhe fazer uma pergunta?

**ANA:** O senhor já me fez uma porção de perguntas, e eu lhe respondi que a vida dos/

**DAVI:** Uma sobre a senhora.

**ANA:** [...]

**DAVI:** Por quê?

**ANA:** [...]

**DAVI:** É corporativismo? Por que a senhora acredita tão profundamente na defesa do direito à privacidade? Por prudência? Inconsciência? Para ganhar tempo? Ou... O que está lhe passando agora pela cabeça?

**ANA:** [...]

*Pausa.*

*Davi faz menção de partir.*

**ANA:** Sim, eu tenho um filho.

**DAVI:** E por que não me disse quando eu lhe perguntei?

**ANA:** Meu filho... [*pausa*] Hoje teria 23 anos.

*Pausa.*

**DAVI:** Me desculpe.

**ANA:** Tem coisas que não deveriam acontecer.

**DAVI:** Eu não queria... Sinceramente, sinto muito, mas... a senhora sabe que uma coisa não tem nada a ver com a outra. Eu lhe asseguro que nós, os pais, não vamos ficar de braços cruzados.

*Pausa.*

**ANA:** Agora vá embora, por favor.

*Davi vai embora.*

*Ana permanece alguns segundos pensativa.*

*Apaga a luz do vestiário e fica na penumbra, apenas levemente iluminada pela luz que entra pela porta e o longo corredor do fundo.*

*Senta-se. Começa a chorar, mas rapidamente tenta se controlar e se acalmar.*

*Pega o telefone e faz uma chamada.*

**ANA:** Alô, sou eu, Ana. [...] Por favor, verifica se todas as portas estão trancadas. [...] Sim. [...] Não, não está acontecendo nada. [...] As crianças já chegaram? [...] Onde é que elas estão? [...] Certo, dá no mesmo... [...] Sim. [...] Elas devem tocar a campainha quando chegarem do almoço, e você abre para elas, mas tranca as portas depois. [...] Obrigada.

*Heitor entra no vestiário. Acende a luz.*

*Encontra Ana no escuro.*

**HEITOR:** O que é que você está fazendo aí no escuro?

**ANA:** Nada. Estou com dor de cabeça. Enxaqueca. Deve ser enxaqueca.

**HEITOR:** Ou você queria nos pregar um susto?

**ANA:** Não estou para brincadeiras. Falei que estou com dor de cabeça. Quando o Rubens chegar, diz a ele que o estou procurando.

**HEITOR:** Tá certo.

**ANA:** E que é importante.

*Som de um corpo caindo na piscina.*

*Da água saindo pelo nariz e formando bolhas debaixo d'água.*

*Do corpo emergindo à superfície e escutando o ambiente da piscina: os pés batendo na água, os gritos das crianças, os apitos dos professores.*

**5**

*Heitor está sozinho no vestiário.*

*Entra Rubens. Não diz nada.*

*Começa a recolher suas coisas.*

*Heitor o observa.*

**HEITOR:** O que é que você está fazendo?

**RUBENS:** O grupo da tarde deve estar chegando.

**HEITOR:** Você já vai?

**RUBENS:** Sim.

*Pausa.*

**RUBENS:** O que é que há?

**HEITOR:** Nada. Você nunca desce tão cedo.

**RUBENS:** Como que não?

*Pausa.*

**HEITOR:** Sempre ficam te esperando.

**RUBENS:** Sempre? Um dia ou outro talvez, mas sempre, não.

*Pausa.*

**RUBENS:** Pode-se saber o que você está olhando?
**HEITOR:** Nada.

*Pausa.*

**HEITOR:** Na recepção me falaram não sei o que de uma sunga.
**RUBENS:** O quê? De que é que você está falando?
**HEITOR:** Perguntaram se nós encontramos uma sunga e uns chinelos.
**RUBENS:** Não sei.
**HEITOR:** De uma das crianças/
**RUBENS:** Heitor... Os garotos estão sempre perdendo alguma coisa todos os dias... Não sei.

*Pausa.*

**HEITOR:** De onde você está vindo agora?
**RUBENS:** O que foi que a Ana te contou?
**HEITOR:** Nada. Tinha alguma coisa para me contar?
**RUBENS:** Não.
**HEITOR:** Me disse que você tinha ido dar umas braçadas.
**RUBENS:** Foi.
**HEITOR:** Mas você não entrou na água. Está seco.
**RUBENS:** O que é que há? Está me controlando?

**HEITOR:** Não. Só que... a Ana falou que você ia dar umas braçadas e você volta seco. Completamente seco. Antes... quando a gente se cruzou... você estava indo à secretaria, não estava?

**RUBENS:** [...]

**HEITOR:** Só isso. Achei estranho. Só.

**RUBENS:** O que foi que a Ana te contou?

**HEITOR:** Tinha alguma coisa para me contar?

**RUBENS:** Deixa pra lá.

*Pausa longa.*

**HEITOR:** Você foi excluir a Cris do Facebook.

*Pausa.*

**RUBENS:** Por que é que você me disse que ela não te contou nada?

**HECTOR:** Você excluiu a Cris.

*Pausa.*

**RUBENS:** Sim.

**HEITOR:** Eu imaginava. Tá vendo? Eu te avisei, você não devia ter adicionado ela. Foi um erro.

**RUBENS:** De que é que você está me acusando?

**HEITOR:** Não estou te acusando de nada.

**RUBENS:** Você falou que/

**HEITOR:** Que eu te avisei...

**RUBENS:** E desde que eu entrei aqui, fica me olhando desse jeito. Como se eu tivesse feito/

**HEITOR:** O que foi que você fez?

**RUBENS:** /uma coisa nojenta.

**HEITOR:** Não fiquei te olhando de jeito nenhum.

**RUBENS:** Não? E as perguntas e as indiretas? O que é que há? A Ana te pediu?

**HEITOR:** Te acalma, ei!

**RUBENS:** Estou de saco cheio de todo o mundo ficar mandando eu me acalmar! Te coloca no meu lugar. Vai. Eu não fiz nada, estou voltando do almoço e me vejo no meio dessa situação desagradável. Todo o mundo... Como é que você quer que eu esteja? Você me fala que não sabe de nada, mas em compensação... O que é que se pode imaginar? Que toda a piscina já está sabendo, e que vocês já me/

**HEITOR:** Se você não tivesse/

**RUBENS:** O quê? Eu não fiz nada de mau.

**HEITOR:** Se você tivesse se limitado/

**RUBENS:** Você também acha que/

**HEITOR:** Eu não faço isso. Faço meu trabalho e ponto.

**RUBENS:** Não vejo o que é que tem de mau. Eu trato as crianças... Elas se sentem bem comigo, e eu não entendo como é que agora... Como é que pode passar pela cabeça de alguém. E você também...

**HEITOR:** Não fica espantado. Eu também não sei o que pensar.

**RUBENS:** Ninguém me conhece melhor do que você. Somos amigos.

**HEITOR:** Você foi excluir a Cris do Facebook? Sim ou não? E tudo o que você falou há pouco sobre os Cavalinhos e os Golfinhos?

**RUBENS:** O quê?

**HEITOR:** As olhadelas, os comentários, os meninos que dão pinta.

*Pausa.*

**RUBENS:** Isso é uma brincadeira?

**HEITOR:** Não.

**RUBENS:** Não tem graça nenhuma.

**HEITOR:** Não é brincadeira.

**RUBENS:** É... Se a Ana não tivesse te contado... Eu falei sem... Talvez não devesse ter falado, mas... era um comentário inocente, aqui entre nós, coisa de vestiário, sem nenhum tipo de... Nós já falamos tanta coisa desse tipo, até baixarias maiores...

**HEITOR:** Não. Não me mete nisso. Esse tipo de comentário quem faz é você. Eu, não. Nunca. Que isso fique bem claro.

*Pausa.*

**RUBENS:** Heitor, se a Ana não tivesse te contado esse...

**HEITOR:** Esse o quê?

**RUBENS:** Esse mal-entendido. Essa... confusão/

**HEITOR:** Confusão?

**RUBENS:** Confusão, sim... É evidente que tem uma confusão aí... Se a Ana não tivesse te contado, você nem ia se lembrar desses comentários. Não teriam passado de uma meia dúzia de besteiras e pronto. Eu sei... Talvez eu não devesse ter falado essas coisas, mas... era entre nós. Entre amigos. Aqui. Como sempre. Meia dúzia de besteiras e mais nada. Só isso.

*Pausa.*

**HEITOR:** É verdade que você beijou o menino na boca?

**RUBENS:** Não!

**HEITOR:** Você me disse que não sabia nada de uma sunga perdida. O que é que a sunga de um dos meninos está fazendo dentro do seu armário?

*Pausa longa.*

**RUBENS:** Você andou fuçando no meu armário?

**HEITOR:** Por que é que você me falou que não tinha encontrado?

**RUBENS:** Eu não acredito. Você andou/

**HEITOR:** Por que é que você falou que não? O que você está fazendo com a sunga de um dos meninos, hein? Aconteceu alguma coisa/

**RUBENS:** Não me lembrei, porra! O que é que você está pensando? Onde você acha que eu estou com a cabeça neste exato momento? Hein? Numa merda de uma sunga que uma criança esqueceu? Você acha que eu estou pensando nisso agora? Hein? De onde você tirou isso?

**HEITOR:** O que é que você quer que eu pense? Eu te falei que você não devia ter a Cris no seu Facebook, que uma coisa assim só ia te trazer problemas. Que nem essa história do... Por que é que você tinha que dar um beijo? Não importa onde foi. Um beijo. O professor "simpático". Você realmente deve acreditar que é assim... Te limita a dar aula e pronto.

**RUBENS:** Mas é o que eu faço! Como/

**HEITOR:** Você devia saber que tem coisas que é melhor não fazer, e que se você fizer, vai sofrer as consequências.

**RUBENS:** Estou vendo que você tem muito claro onde estão os limites. Sempre tão correto a respeito do que se pode fazer e do que não se pode. O que eu acho preocupante é que você tenha ficado tão encafifado com isso.

**HEITOR:** O que é que você quer dizer?

**RUBENS:** Que é tudo muito claro para você. Você parece até que está obcecado. Francamente, não sei por que você pensa tanto nisso.

**HEITOR:** Doido.

*Os dois rapazes avançam um contra o outro. Rubens imobiliza Heitor e para com o punho no alto com a intenção de dar-lhe um soco.*

**RUBENS:** Filho de uma...

**HEITOR:** O que você vai fazer comigo? Hein? Vai em frente...

*De repente Rubens solta Heitor e se afasta.*

**RUBENS:** Não sei... Me desculpa... Você tem que acreditar em mim.

**HEITOR:** Acreditar em você? Você disse para a Ana que ia dar umas braçadas e foi à secretaria.

*Pausa.*

**RUBENS:** Você quer saber o que eu estava fazendo? Fui à secretaria, sim. Abri o Facebook e excluí a Cris. Repassei toda a minha lista de amigos para ter certeza de que não tinha nenhuma outra criança. Repassei duas vezes, inclusive as fotos que postei. Me deu uma dor de barriga, como se meu estômago estivesse se revirando. Saí e fui ao banheiro. "Imbecil!" Falei para mim mesmo: "Mas... o que é que estou fazendo? É claro que se alguém quiser comprovar... Claro que deve haver uma maneira de ver que eu fiz essa modificação hoje mesmo. Inclusive a hora em que eu fiz. Qualquer coisa que eu fizer ou disser pode ser ainda pior. Pode me complicar ainda mais." E eu comecei a chorar. Heitor... Estou assustado. Como é que você quer que eu esteja? [*pausa longa*] Agora você já sabe o que eu estava fazendo. Sai e vai contar para a Ana e para quem você quiser.

*Ouve-se um impacto.*

**HEITOR:** O que foi isso?

**RUBENS:** Alguma coisa se chocou contra as persianas.

*Entra Ana.*

**ANA:** Rubens, Heitor...

**RUBENS:** O que é que está acontecendo?

*Som de um corpo caindo na piscina.*

*Da água saindo pelo nariz e formando bolhas debaixo d'água.*

*Do corpo emergindo à superfície e escutando o ambiente da piscina: os pés batendo na água, os gritos das crianças, os apitos dos professores.*

# 6

*Ana dá uma bofetada em Rubens.*

*Rubens tira o roupão e fica nu.*

**ANA:** O que é que você está fazendo?

**RUBENS:** O que é que ia pensar alguém que entrasse agora, neste momento? Como iriam interpretar isso? Isso também te preocupa?

**ANA:** Põe a roupa.

*Rubens veste a sunga. Pega uns óculos de mergulho e uma touca de natação.*

**RUBENS:** Vou dar umas braçadas.

**ANA:** Rubens...

**RUBENS:** Me deixa em paz. Eu gostaria de nadar um pouco antes da aula da tarde porque... Eu ainda vou dar a aula da tarde, não vou?

*Rubens deixa o vestiário e sai pelo corredor.*
*Ana sai atrás dele.*

**ANA:** Rubens...

*Ana volta ao vestiário.*
*Fica alguns segundos imóvel.*

*Dá-se conta de que o armário de Rubens está entreaberto. Abre-o. Procura algo ali dentro.*

*Heitor, que cruzou com Rubens, aproxima-se, vindo do fundo do corredor.*

*Entra no vestiário.*

**HEITOR:** Pode-se saber que porra aconteceu com ele?

*Ana se precipita e, com o nervosismo, deixa cair uma carteira de dentro do armário.*

**ANA:** [*após um sobressalto*] Heitor... Que susto você me deu.

**HEITOR:** Está acontecendo alguma coisa?

**ANA:** Não. Nada.

*Ana e Heitor se olham com desconfiança.*

**HEITOR:** Aí no chão... A carteira do Rubens.

**ANA:** Ele foi nadar. Vai ver que deixou cair.

**HEITOR:** Não... Ela acabou de cair neste instante.

**ANA:** [...]

*Pausa.*

**HEITOR:** Passou a dor de cabeça?

**ANA:** Não. Está cada vez pior.

**HEITOR:** Você tomou alguma coisa?

**ANA:** /Parece que vai explodir.

**HEITOR:** O que é que está acontecendo com o Rubens?

**ANA:** /Não tenho dormido bem/

**HEITOR:** Não te entendo.

**ANA:** /Faz tempo que venho tendo pesadelos, que/

**HEITOR:** Mas... o que é que isso tem a ver com ele?

**ANA:** Nada.

**HEITOR:** Você se lembra do que sonhou?

**ANA:** [...]

**HEITOR:** É importante se lembrar.

**ANA:** Por quê? Você sabe interpretar sonhos?

**HEITOR:** Só se você sabe o que sonhou... Sabe o que eu faço? Quando acordo de repente no meio de um sonho, tento ficar acordado uns minutinhos para gravar o sonho e aí poder me lembrar depois.

**ANA:** Se lembrar para quê?

**HEITOR:** Se você não fizer isso, eles se apagam. Fica difícil saber o que você sonhou.

**ANA:** Tem coisas que é melhor esquecer.

**HEITOR:** Isso quer dizer que você não se lembra?

**ANA:** O meu pesadelo é sempre o mesmo. A piscina está cheia de crianças. Riem, correm, todos se atiram dentro d'água. Gritam, berram. No começo, eu acho que estão se divertindo. Quando a piscina está cheia de crianças pulando dentro d'água e gritando, a gente nunca sabe se estão só se divertindo ou se está acontecendo alguma coisa. No começo, sempre imagino que elas estão se divertindo, mas depois vejo suas carinhas assustadas, os bracinhos levantados pedindo socorro antes de afundar. São muitas crianças. Muitas. A piscina está cheia de crianças gritando. Os pais estão sentados nas arquibancadas. Rindo e conversando. Não se dão conta de nada, até que afinal um deles percebe e alerta os outros. Todo o mundo vê o que está acontecendo. Gritam e me pedem que faça alguma coisa. Eu corro de um lado para outro, mas não consigo me atirar na água. Não sei por quê, mas por mais que eu tente, não consigo. Por que é que eu não consigo? [pausa] Quando chego perto, os braços das crianças desaparecem e afundam. Corro para o outro lado da piscina. Lá, elas ainda estão na superfície. Talvez eu possa salvar uma delas, mesmo que seja só uma. Mas quando chego lá, estendo a mão para elas, e elas também afundam. Novamente eu corro para o outro lado, e lá também elas afundam. Todas. [pausa] Olho para a piscina e ela está vazia. [Pausa.] Nas arquibancadas, os pais estão gritando. São gritos muito fortes. Mais fortes do que os das crianças. A piscina está vazia e o fundo dela está cheio de manchas negras.

*Pausa longa.*

**HEITOR:** [...]

**ANA:** Não preciso ficar acordada uns minutinhos para me lembrar. É sempre a mesma coisa.

**HEITOR:** E você tem esse sonho seguidamente?

**ANA:** Muitas vezes.

**HEITOR:** Você nunca falou dele.

**ANA:** Tem coisas que... é difícil encontrar palavras para contar.

**HEITOR:** É.

**ANA:** E você? O que é que você sabe disso?

**HEITOR:** Não... Eu não... Não queria... [*pausa*] Alguém da piscina me contou.

**ANA:** Eu nunca falei desse sonho para ninguém. O que é que as pessoas contam?

**HEITOR:** Nada. Só que... você teve um filho que morreu.

*Pausa.*

**ANA:** Foi.

**HEITOR:** Sinto muito.

**ANA:** Dezesseis anos. Hoje teria 23.

**HEITOR:** [...]

**ANA:** Você vive se perguntando por quê, e por que você não conseguiu fazer nada para impedir. Desde pequeno era uma criança que não falava muito. Quando voltava da escola, contava poucas coisas, mas nunca dizia nada estranho. Nunca. Nada que fizesse suspeitar... [*pausa*] Quando terminou o Ensino Fundamental, continuou sendo introvertido, mas... Foi como se, ao começar o Ensino Médio, ele respirasse um pouco, só um pouco, como se estivesse um pouco mais aliviado... Mas... aliviado de quê? Continuava falando pouco, mas era como se... Isso, como se começasse a respirar... [*pausa*] Até o dia de hoje ainda não sei o que aconteceu, nem por que ele fez o que fez. Dezesseis anos. Já se passaram sete anos e eu ainda não sei. Não vou saber nunca. Pensei tanto: aconteceu alguma coisa no Ensino Fundamental? Com as outras crianças? Com algum professor? Tinha algum problema naquele momento? No Ensino Médio? Com seus novos colegas? Comigo? [*pausa*] Com o pai dele? Com ele mesmo? Não sei. Por mais que eu pense, não sei. [*pausa*] Até hoje me pergunto. O pior de tudo é que não passo um só dia sem pensar por que eu não consegui enxergar e, sobretudo, por que não consegui evitar. [*pausa longa*] A carteira do Rubens não caiu quando ele estava saindo. Era eu que estava remexendo no armário dele.

**HEITOR:** [...]

**ANA:** O Rubens deu um beijo num dos Cavalinhos.

**HEITOR:** Um beijo?

**ANA:** Foi, na boca. [*pausa*] Bom... Não... Isso foi o que disse uma das meninas. Ele diz que não...

**HEITOR:** Caramba...

**ANA:** Os pais se queixaram. Sabe? Eu fui monitora de jovens. Devia ter uns 19 ou 20 anos. Talvez 21. Monitora de um desses grupos experimentais. A gente ia até o rio e tomava banho pelado com a garotada... Uma vez, dois outros monitores se meteram na cama de uma das meninas do grupo que não conseguia dormir com saudades de casa e não parava de chorar... Um dia, inclusive, fizemos uma brincadeira de ver quem fazia uma tripa mais comprida com peças de roupa. Tiramos tudo e eu cheguei a ficar sem sutiã na frente dos meninos! [*cruzando os braços sobre o peito*] Fiquei um tempo assim. Todo o mundo ria e os outros monitores assoviavam e me diziam para eu não me tapar. Na realidade, já tinham me visto no banho de rio, mas naquela situação ficava engraçado. Tudo isso hoje em dia seria impensável... Hoje tem coisas até mais inofensivas que nem nos passam pela cabeça fazer. Ninguém se atreveria, e se fizéssemos, seria um escândalo. Daqui a pouco, para evitar problemas, não vamos nos atrever nem a ficar sozinhos com uma criança. E ainda assim acontecem coisas. Continuam acontecendo. Como essa história do centro de recreação. Às vezes parece que acontecem muito mais do que antigamente. Por quê? O que é que está acontecendo ou o que é que estamos fazendo para que isso aconteça? [*pausa*] E agora... Não consigo parar de pensar. Por que ele deu um beijo? É compreensível que os pais estejam preocupados. Ou não? Eu gostaria de acreditar que o Rubens é como a gente era, como a turma de monitores e não como... Como toda essa merda do centro de recreação. Não sei por que eu desconfio. Até hoje eu sempre achei ele um bom professor e um cara legal. Gosto da sua maneira de trabalhar. A sua espontaneidade... Nós, aqueles monitores, éramos assim, mas agora... Eu gostaria de dizer o contrário, mas entendo como ninguém o medo desses pais. É que eu não sei quem ele é, se os pais têm razão, e por que eu sonho todas as noites com crianças que se afogam na piscina. Não sei o que eu esperava encontrar no armário dele, na carteira ou no celular. Não sei se tenho o direito de remexer nas suas coisas... [*pausa*] Hoje é sexta-feira e... Quem sabe não seria melhor ele não dar as aulas da tarde e deixar passar o fim de semana?

**HEITOR:** [*quase sussurrando*] Não sei...

**ANA:** Não sei! Eu também não sei. E também não sei por que estou te contando tudo isso. [*pausa*] Você...

**HEITOR:** O quê?

**ANA:** Você teria se dado conta se houvesse algo estranho?

**HEITOR:** Tipo o quê?

**ANA:** Ele... com uma das crianças. Um gesto, um comentário... algo que ele tenha dito ou tenha feito...

**HEITOR:** O Rubens...

**ANA:** O que é que tem?

**HEITOR:** Não... Não sei.

**ANA:** Você me diria, não é mesmo? É importante.

**HEITOR:** Você acha que...

**ANA:** Não sei. Nem sei se ele mesmo se dá conta do que sente pelas crianças. Não com clareza. Isso é o que mais me preocupa.

*Pausa.*

**HEITOR:** [*referindo-se à carteira*] É melhor que você ponha isso de volta no lugar.

**ANA:** É.

*Ana recoloca a carteira dentro do armário.*

*Pega algo lá de dentro.*

**ANA:** Uma sunga.

**HEITOR:** O que é que tem?

**ANA:** Uma sunga. No armário de Rubens, a sunga de um menino.

**HEITOR:** A gente sempre recolhe tudo. As crianças sempre esquecem algo.

**ANA:** É?

**HEITOR:** Sim. Chinelos, cadernetas, a touquinha... Tudo. Sempre.

**ANA:** Tem certeza?

**HEITOR:** Absoluta.

**ANA:** Ok.

*Ana deixa a sunga dentro do armário e fecha a porta.*

*Sai.*

**HEITOR:** Ana...

*Heitor fica sozinho.*

*Aproxima-se do armário de Rubens e abre-o.*

*Observa por alguns segundos e fecha o armário.*

*Entra Rubens. Não diz nada.*

*Começa a recolher suas coisas.*

*Heitor o observa.*

**HEITOR:** O que é que você está fazendo?

**RUBENS:** O grupo da tarde deve estar chegando.

**HEITOR:** Você já vai?

**RUBENS:** Sim.

*Pausa.*

**RUBENS:** O que é que tem?

**HEITOR:** Nada. Você nunca desce tão cedo.

**RUBENS:** Como que não?

*Pausa.*

**HEITOR:** Sempre ficam te esperando.

**RUBENS:** Sempre? Talvez um dia ou outro, mas sempre, não.

*Pausa.*

**RUBENS:** Pode-se saber o que você está olhando?

**HEITOR:** Nada.

*Pausa.*

**HEITOR:** Na recepção me falaram não sei o que de uma sunga.

**RUBENS:** O quê? Do que é que você está falando?

**HEITOR:** Perguntaram se nós encontramos uma sunga e uns chinelos.

**RUBENS:** Não sei.

**HEITOR:** De uma das crianças/

**RUBENS:** Heitor... Os garotos estão sempre perdendo alguma coisa todos os dias... Não sei.

*Pausa.*

**HEITOR:** De onde você está vindo agora?

**RUBENS:** O que foi que a Ana te contou?

**HEITOR:** Nada. Tinha alguma coisa para me contar?

**RUBENS:** Não.

**HEITOR:** Me disse que você tinha ido dar umas braçadas.

**RUBENS:** Foi.

**HEITOR:** Mas você não entrou na água. Está seco.

*Som de um corpo caindo na piscina.*

*Da água saindo pelo nariz e formando bolhas debaixo d'água.*

*Do corpo emergindo à superfície e escutando o ambiente da piscina: os pés batendo na água, os gritos das crianças, os apitos dos professores.*

**7**

*Rubens parece confuso.*

*Heitor o escuta.*

**RUBENS:** Heitor... Estou assustado. Como é que você quer que eu esteja? [*pausa longa*] Agora você já sabe o que eu estava fazendo. Sai e vai contar para a Ana e para quem você quiser.

*Ouve-se um impacto.*

**HEITOR:** O que foi isso?

**RUBENS:** Alguma coisa se chocou contra as persianas.

*Entra Ana.*

**ANA:** Rubens, Heitor...

**RUBENS:** O que é que está acontecendo? // **HEITOR:** O que foi isso?

**ANA:** Os vidros.

**HEITOR:** Sim, os vidros das janelas.

**RUBENS:** É como se tivessem atirado/

*Escuta-se um outro impacto contra os vidros.*

**ANA:** /Estão atirando pedras...

*Daqui em diante vão-se escutando novos impactos contra os vidros.*

**ANA:** Estão atirando/

**HEITOR:** O que é que está acontecendo?

**ANA:** Os pais e as crianças estão lá fora. Diante do prédio. Estão gritando.

**HEITOR:** A gente escuta como se... O que é que estão atirando? // **RUBENS:** O que é que eles estão gritando?

**ANA:** O teu nome. Te insultam. Querem que você saia e os enfrente. // Que você vá embora.

**RUBENS:** /O meu nome...

**ANA:** E começaram a atirar pedras no prédio. // Nas vidraças.

**HEITOR:** /Caceta.

**RUBENS:** Não posso acreditar que os pais estejam atirando pedras... que tenham trazido as crianças... Os Cavalinhos...

**ANA:** Não, não são os pais que atiram pedras. São as crianças.

**RUBENS:** As crianças?

**ANA:** Sim, as crianças. Os pais gritam e as crianças juntam pedras do chão para atirar // no prédio.

**RUBENS:** /Os Cavalinhos...

**ANA:** Sim, os Cavalinhos. Agora não vamos poder sair. Você tem que ver a cara deles... A raiva e... Agora, neste momento, seria impossível fazer essa gente raciocinar.

**HEITOR:** As portas estão trancadas?

**ANA:** Não sei se fiz bem, mas... Não paravam de telefonar. Uns pais pedindo explicações, outros retirando os filhos das aulas. Como se tivessem combinado. Merda! O Facebook, claro/

**RUBENS:** Você contou para ela?

**ANA:** O que é que tinha para me contar?

**HEITOR:** O que é que você quis dizer com o Facebook?

**ANA:** Os pais têm um grupo/

**HEITOR:** /O que é que isso tem a ver/

**ANA:** /devem ter combinado de tirar os filhos... Eu não sabia o que fazer, e falei na recepção que era para fechar as portas e pôr um cartaz dizendo que não vai ter aulas até a segunda-feira/

**RUBENS:** Por que você fez isso?

**ANA:** E que não atendessem mais o telefone.

**RUBENS:** Vai parecer que/

**ANA:** O que é que você queria que eu fizesse?

**RUBENS:** Isso vai complicar ainda mais as coisas!

**ANA:** Eu não sabia o que fazer! E agora... Perceberam que o telefone estava desligado e vieram...

**RUBENS:** Tenho que ir lá fora.

**ANA:** Não, de jeito nenhum. Tem câmeras de televisão. É melhor não/

**RUBENS:** /Câmeras?/

**ANA:** /Alguém deve ter... Não, não, de jeito nenhum.

**RUBENS:** As crianças atirando pedras... O que será que contaram para elas? O que deve estar passando pela cabeça delas? São crianças. Apenas crianças. É impossível elas entenderem o que está acontecendo, mas estão atirando pedras no prédio, e é como // se estivessem atirando pedras em mim.

**ANA:** /Os Cavalinhos.../

**RUBENS:** /Hoje de manhã estavam brincando comigo na piscina, e agora me atiram pedras.

**ANA:** O que é que vamos fazer? // **HEITOR:** Isso, o que é que vamos fazer?

**RUBENS:** Não sei.

**HEITOR:** Ana...

**ANA:** [...]

**RUBENS:** Vou lá fora.

**ANA:** Não... Isso, não.

**HEITOR:** É melhor esperar.

**RUBENS:** Esperar o quê?

**ANA:** Não podemos sair.

**HEITOR:** A gente devia...

**ANA:** O quê?

**HEITOR:** Quem sabe...

**ANA:** O quê?

**HEITOR:** Nada.

**RUBENS:** Ana... O que é que nós podemos fazer?

**ANA:** Não sei... Não tenho nem ideia... Por que vocês mentiram para mim quando perguntei se tinham fumado?

**RUBENS:** Mas o que é que é isso/

**ANA:** Ainda está cheirando...

**HEITOR:** Eu não... Cacete! Estão atirando/

**RUBENS:** Ana... Eu já te disse que...

**ANA:** Você fumou um cigarro e me disse que não tinha fumado! Não pode fumar aqui!

*Ouve-se o impacto de uma pedra que quebra uma vidraça.*

**ANA:** Acho que nós temos que chamar a polícia.

**RUBENS:** A polícia?

**ANA:** Claro, Rubens. Temos que chamar a polícia. Estão atirando pedras na piscina.

**RUBENS:** Estão atirando em mim.

*Pausa longa.*

*Nenhum dos três sabe o que fazer.*

**RUBENS:** Sim... Você tem razão. Você deve ter razão. Não é mesmo? A melhor coisa a fazer é chamar a polícia... Um momento. Espera. Espera. Não. Não chama. Não chama ainda.

**ANA:** O quê?

**RUBENS:** Só uma coisa. Uma última coisa. [*pausa. Fazendo um esforço para que a voz não se quebre*] Vocês acreditam que eu...? Vocês acham mesmo...? Se a polícia vier... [*pausa*] Vocês confiam em mim?

**ANA:** [...]

**RUBENS:** Ana...

**ANA:** [...]

**RUBENS:** Heitor...

**HEITOR:** [...]

**RUBENS:** Por que é que vocês não falam nada? [*pausa longa*] Acreditam em mim ou não? [*pausa longa. Com um fio de voz*] Estou assustado.

**ANA:** Todos. Todos estamos.

*A intensidade do ruído dos impactos vai crescendo até se converter em um som ensurdecedor.*

*Blecaute.*

**FIM**

## Por que publicar dramaturgia

Os textos de teatro são escritos de diversas maneiras: durante ensaios, como adaptações de romances, a partir de discussões com encenadores e artistas, solitariamente, vindos de ideias avulsas ou de enredos históricos, além de tantas outras maneiras existentes e por serem inventadas. Pensar o texto dramático como um modo de escrita para além do papel, que tem a vocação de ser dito e atuado, não elimina seu estágio primeiro de literatura. O desejo de pensar sobre as diferenças e confluências entre o texto dramático e o texto essencialmente literário nos levou a elaborar este projeto de publicações: a *Coleção Dramaturgia*. Queríamos propor a reflexão sobre o que faz um texto provocar o impulso da cena ou o que faz um texto prescindir de encenação. E mesmo pensar se essas questões são inerentes ao texto ou a leitura de encenadores e artistas.

O livro é também um modo de levar a peça a outros territórios, a lugares onde ela não foi encenada. Escolas, universidades, grupos de teatro, leitores distraídos, amantes do teatro. Com o livro nas mãos, outras encenações podem ser elaboradas, e outros universos construídos. Os mesmos textos podem ser lidos de outros modos, em outros contextos, em silêncio ou em diálogo. São essas e tantas outras questões que nos instigam a ler os textos dramáticos e a circulá-los em livros.

Publicar a Coleção Dramaturgia Espanhola, que chega às prateleiras após o generoso convite de Márcia Dias à Editora Cobogó, e com o importantíssimo apoio da AC/E (Acción Cultural Española), foi para nós uma oportunidade de discutir outras linguagens no teatro, outros modos de pensar a dramaturgia, outras vozes, e, ainda, expandir nosso diálogo e a construção de uma cultura de *ler teatro*. Ao ampliar nosso catálogo de textos dramáticos com as peças espanholas — ao final deste ano teremos 30 títulos de teatro publicados! —, potencializamos um rico intercâmbio cultural entre as dramaturgias brasileira e espanhola, trazendo aos leitores do Brasil uma visada nova e vibrante, produzida no teatro espanhol.

Isabel Diegues<br>
Editora Cobogó

# Dramaturgia espanhola no Brasil

Em 2013, em Madri, por intermédio de Elvira Marco, Elena Díaz e Jorge Sobredo, representantes da Acción Cultural Española - AC/E, conheci o Programa de Intercâmbio Cultural Brasil-Espanha. O principal objetivo do programa seria divulgar a dramaturgia contemporânea espanhola, incentivar a realização das montagens dessas obras por artistas brasileiros, estimular a troca de maneiras de fazer teatro em ambos os lados do Atlântico, promover a integração e fortalecer os laços de intercâmbio cultural entre Brasil e Espanha.

O programa havia, então, selecionado dez obras, através de um comitê de personalidades representativas das artes cênicas espanholas. A ideia inicial seria contratar uma universidade para a tradução dos textos, buscar uma editora brasileira que se interessasse em participar do projeto no formato e-book, programar entrevistas com os autores e promover a difusão dos textos através de leituras dramatizadas com diretores de grupos e companhias brasileiras.

Ao conhecer o programa, comecei a pensar sobre como despertar o interesse de uma editora e de artistas brasileiros para participar dele. O que seria atraente para uma editora, e consequentemente para o leitor, na tradução de um texto da atual dramaturgia espanhola? Como aproximar artistas brasileiros para a leitura de obras espanholas? Como verticalizar a experiência e fazer, de fato, um intercâmbio entre artistas brasileiros e espanhóis? Estimulada por essas e outras questões e percebendo o potencial de articulação, cruzamentos e promoção de encontros que um projeto como esse poderia proporcionar, encampei o programa expandindo suas possibilidades. A ideia, agora, seria aproximar artistas dos dois países em torno de um projeto artístico mais amplo potencializado pelo suporte de festivais internacionais realizados no Brasil que se alinhassem aos objetivos do TEMPO_FESTIVAL, dirigido por mim, Bia Junqueira e César Augusto, principalmente no que se refere ao incentivo à criação e suas diferentes formas de difusão e realização.

A partir de então, convidei quatro festivais integrantes do Núcleo dos Festivais Internacionais de Artes Cênicas do Brasil — Cena Contemporânea – Festival Internacional de Teatro de Brasília; Porto Alegre em Cena – Festival Internacional de Artes Cênicas; Festival Internacional de Artes Cênicas da Bahia – FIAC; e Janeiro de Grandes Espetáculos - Festival Internacional de Artes Cênicas de Pernambuco — para participar do projeto e, juntos, selecionarmos dez artistas de diferentes cidades do Brasil para a tradução e direção das leituras dramáticas dos textos.

Assim, para intensificar a participação e aprofundar o intercâmbio cultural, reafirmando uma das importantes funções dos festivais, decidimos que seriam feitas duas leituras dramáticas a cada festival, com diferentes grupos e companhias de teatro locais, em um formato de residência artística com duração aproximada de cinco dias. Com essa dinâmica, os encontros nos festivais entre o autor, o artista-tradutor e os artistas locais seriam adensados, potencializados. A proposta foi prontamente aceita pela AC/E, uma vez que atenderia amplamente aos objetivos do Programa de Intercâmbio Cultural Brasil-Espanha.

Desde então, venho trabalhando na coordenação do Projeto de Internacionalização da Dramaturgia Espanhola. A primeira etapa foi buscar uma editora brasileira que tivesse o perfil para publicar os livros. Não foi surpresa confirmar o interesse de Isabel Diegues, da Editora Cobogó, que, dentre sua linha de publicações, valoriza a dramaturgia através de livros de textos de teatro, com sua Coleção Dramaturgia.

A segunda etapa foi pensar as leituras das obras espanholas junto aos diretores dos festivais parceiros representados por Paula de Renor, Guilherme Reis, Felipe de Assis e Luciano Alabarse e definir os artistas que poderiam traduzir os textos. Com isso, convidamos Aderbal Freire-Filho, Beatriz Sayad, Cibele Forjaz, Fernando Yamamoto, Gilberto Gawronski, Hugo Rodas, Luís Artur Nunes, Marcio Meirelles, Pedro Brício e Roberto Alvim, que toparam a aventura!

Finalmente, partimos para a edição e produção dos livros, e convidamos os grupos e companhias locais para a realização das residências artísticas e leituras dramáticas, que culminariam no lançamento das publicações em cada um dos festivais parceiros, cumprindo um calendário de julho de 2015 a janeiro de 2016.

Enquanto ainda finalizamos os últimos detalhes das publicações, compartilhando o entusiasmo de diretores, tradutores e tantos outros parceiros da empreitada, imagino quais desdobramentos serão possíveis a partir de janeiro de 2016, quando os livros já estiverem publicados e tivermos experimentado as leituras e conversas sobre dramaturgia. Quem sabe a AC/E não amplie o programa? Quem sabe não estaremos começando a produção de um desses espetáculos no Brasil? Quem sabe essa(s) obra(s) não circule(m) entre outros festivais internacionais do Brasil? Quem sabe não estaremos levando para a Espanha traduções de palavras e de cenas de alguns dos espetáculos, com direção e atuação de artistas brasileiros? Enfim, dos encontros, sem dúvida, muitas ideias irão brotar... Vou adorar dar continuidade ao(s) projeto(s). Fica aqui o registro!

Márcia Dias
Curadora e diretora do TEMPO_FESTIVAL

CIP-BRASIL. CATALOGAÇÃO-NA-FONTE
SINDICATO NACIONAL DOS EDITORES DE LIVROS, RJ

     Coromina, Josep María Miro I
L68c    O princípio de Arquimedes / Josep María Miro I Coromina
; tradução Luís Artur Nunes.- 1. ed.- Rio de Janeiro : Cobogó,
2015.
                                         120 p. : il. ; 19 cm.
    Tradução de: Tradução de: El principio de Arquímedes
    ISBN 978-85-60965-83-0
    1. Teatro espanhol (Literatura). I. Nunes, Luís Artur. II. Título.

15-24829                                                   CDD: 862
                                                                  CDU: 821.134.2-2

Nesta edição, foi respeitado o Acordo Ortográfico da Língua Portuguesa
de 1990, que entrou em vigor no Brasil em 2009.

Todos os direitos em língua portuguesa reservados à
Editora de Livros Cobogó Ltda.
Rua Jardim Botânico, 635/406
Rio de Janeiro–RJ–22470-050
www.cobogo.com.br

© Editora de Livros Cobogó
© AC/E (Sociedad Estatal de Acción Cultural S.A.)

Texto
Josep Maria Miró i Coromina

Tradução
Luís Artur Nunes

Colaboração na tradução
Suzana Outeiral

Idealização do projeto
Acción Cultural Española – AC/E e TEMPO_FESTIVAL

Coordenação geral Brasil
Márcia Dias

Coordenação geral Espanha
Elena Díaz, Jorge Sobredo e Juan Lozano

Editores
Isabel Diegues
Julia Martins Barbosa

Coordenação de produção
Melina Bial

Revisão de tradução
João Sette Camara

Revisão
Eduardo Carneiro

Capa
Radiográfico

Projeto gráfico e diagramação
Mari Taboada

Outros títulos desta coleção:

**A PAZ PERPÉTUA**, de Juan Mayorga
Tradução Aderbal Freire-Filho

**APRÈS MOI, LE DÉLUGE (DEPOIS DE MIM, O DILÚVIO)**,
de Lluïsa Cunillé
Tradução Marcio Meirelles

**ATRA BÍLIS**, de Laila Ripoll
Tradução Hugo Rodas

**CACHORRO MORTO NA LAVANDERIA: OS FORTES**, de Angélica Liddell
Tradução Beatriz Sayad

**CLIFF (PRECIPÍCIO)**, de José Alberto Conejero
Tradução Fernando Yamamoto

**DENTRO DA TERRA**, de Paco Bezerra
Tradução Roberto Alvim

**NN12**, de Gracia Morales
Tradução Gilberto Gawronski

**MÜNCHAUSEN**, de Lucía Vilanova
Tradução Pedro Brício

**OS CORPOS PERDIDOS**, de José Manuel Mora
Tradução Cibele Forjaz

2015

1ª impressão

Este livro foi composto em Univers.
Impresso pela gráfica Stamppa
sobre papel Pólen Bold 70g/m².